Wolfgang Costanza

Corso di tedesco semplice
con un nuovo metodo

AF189710

Casa editrice: BoD- Books on Demand
Norderstedt, Germania
ISBN 9783750416710
Foto di copertina:
Lago dei Quattro Cantoni
Vierwaldstätter See
Svizzera tedesca
Foto: Wolfgang Costanza

Indice

Primo capitolo

Trascrizione fonetica (**TF**) e pronuncia

La sillaba accentuata è sottolineata. Il tedesco distingue i suoni delle vocali corte dei suoni delle vocali lunghe che sono indicate   per il raddoppiamento della vocale.

Pronuncia delle vocali

TF	come la parola italiana	tedesco	TF	traduzione
a **a**	albergo (corta)			
a **aa**	(lunga: aa,ah)	Saal Mahl	s**aa**l m**aa**l	sala pranzo
e **e**		Garten	g**ar**-ten	giardino
e **è**	senza (aperta)	der	d**èè**r	il, lo
e **é**	forse (chiusa)	Tee	t**éé**	tè
e **ee**	(lunga: ee,eh)	Meer sehr	m**ee**r s**ee**r	mare molto
i **i**	birra (corta)	bitte	bité	per favore
i **ii**	isola (lunga: ie,ih)	Brief Ihr	br**ii**f **ii**r	lettera il suo
o **o**	lotta (corta)	Omnibus	**o**mnibus	autobus
o **oo**	zoo (lunga: oo,oh)	Zoo Sohn	ts**oo** s**oo**n	zoo figlio

u   u   ufficio   Mutter muter   madre
(corta)
u   uu   fiume   Uhr   uur   orologio
(longa: uh)

Pronuncia dell'Umlaut

La dieresi sopra le vocali si chiama **Umlaut** (<u>um</u>-laut).

ä   è   caffè   Männer mè-ner uomini
(corta)
ä   èè   ieri   Fähre fèère traghetto
(lunga: äh)
ö   ö tra la o e la u öffnen öfnen aprire
(corta)
ö   öö   knödel   Möhre mööre carota
(lunga: öh)
ü   ü tra la i e la u Rücken rüken schiena
(corta) come u del francese
ü   üü   fühlen füülen sentire
(lunga: üh)

Pronuncia delle diphtonghe

Le diphtonghe sono le combinazioni di due vocali nella stessa sillaba.

ai, ai come ai in   Mai   mai   maggio
ei   italiano   Ei   ai   uovo
au   au come in italiano Maut   maut pedaggio
äu, oi come oi in   Fräulein froilain signorina
eu   italiano   Feuer foier   fuoco

Pronuncia delle consonanti

c	ts	come la 'z'	Celsius	tsèlsius	Celsius
(prima di		della parola	circa	tsirka	circa
e, i)		'ragazzo			
	k		Café	kaféé	caffè
ch	ch	come la 'J' del	Buch	buuch	libro
		nome spagnolo			
		'Juan'			
	k	prima di 's'	Lachs	laks	salmone
ck	k		Dreck	drèk	sporcizia
g	g		Garantie	garan-tii	garanzia
	gh	come	geben	ghèèben	dare
		'ghiaccio'	Ginster	ghinster	ginestra
	gk	alla fine della	fertig	fèrtigk	pronto
		parola			
gl	gkl		Glück	gklük	fortuna
gn	gkn		Gnade	gknaade	grazia
h	h'	prima di una	Herr	h'èrr	signore
		vocale: aspirata			
		dopo di una	fahren	faaren	andare
		vocale: muta			
j	i	come la i	Juni	iuuni	giugno
qu	kv	come kv	Quelle	kvèlé	sorgente
ß	ss	come sasso	Straße	strasse	strada
sch	sh	come sce e sci	Scherz	shèrts	scherzo
		in italiano	Schiff	shif	nave
sp	shp		Spiel	shpiil	gioco
st	sht	all'inizio della	Stuhl	shtuul	sedia
		parola			
	st	in mezzo e alla	Rast	rast	sosta
		fine della parola			
tsch	tsh	come 'ciao'	deutsch	doitsh	tedesco
tio	tsio		Station	statsion	stazione
v	f	come f	Vater	faatèr	padre

6

	v	come v	Vanille	vanile	vaniglia
w	v	come v	Wein	vain	vino
z	ts	come ts dura	zahlen	tsaalen	pagare

Inoltre esiste un buon modo per imparare la pronuncia: Se 'Google' traduce un testo in italiano in un testo in tedesco, è possibile ascoltare il testo in tedesco.

Regole

Le parole si pronunciano come si scrivono e si scrivono come si pronunciano.

Una vocale è lunga quando lei è raddoppiata: Meer (méér) mare, quando lei è seguita di una 'h': Stuhl (stuul) / sedia, quando lei è seguita di una sola consonante: Tag (taag) / giorno. Una vocale è corta quando lei è seguita di due consonanti o più: Bett (bét) / letto.

La pronuncia dell'alfabeto

A **a** B **béé** C **tséé** D **déé** E **éé** F **èf** G **ghéé** H **h'aa** I **ii** J **iot** K **kaa** L **èl** M **ém** N **én** O **oo** P **péé** Q **kuu** R **èr** S **ès** T **téé** U **uu** V **fau** W **véé** X **iks** Y **üp-silon** Z **tsèd**

Abbreviazioni

E	esempio
R	regola
m	maschile
f	femminile
n	neutro
Sg	singolare
Pl	plurale
F	parte facoltativa

Vi prego di imparare le parole sottolineate nel vocabolario da abitare a birra.

Il controllo doganale / Die Zollkontrolle

Luogo: L'aeroporto a Monaco
Una turista T / doganiere D

D Buon giorno. Guten Tag (<u>guu</u>-ten taagk). Il passaporto, per favore. Den Pass bitte (déén pas <u>bi</u>-te). Il passaporto è scaduto. Der Pass ist abgelaufen (dèèr pas ist <u>ab</u>-ghé-laufen).

T Ecco la carta d`identità. Hier ist der Personalausweis (h'iir ist dèèr pèrso-<u>naal</u>-ausvais). *Ho viaggiato* molto tempo per tutta l`Italia. *Ich bin* lange Zeit durch ganz Italien *gereist* (ich bin <u>lan</u>-ghe tsait durch gants i-<u>ta</u>-lien ghé-<u>raist</u>). C`è qualcosa di nuovo in Germania? Gibt es etwas Neues in Deutschland (ghibt és <u>ét</u>-vas <u>noi</u>-es in <u>doitsh</u>-land)?

D *Non* so *niente* di nuovo. Ich weiß *nichts* Neues (ich vais nichts <u>noi</u>-es). Ha qualcosa da dichiarare. Haben Sie etwas zu verzollen (<u>h'aa</u>-ben sii ét-vas tsu fèr-<u>tso</u>-len)?

T Non ho niente da dichiarare. Ich habe nichts zu verzollen (ich <u>h'aa</u>-be nichts tsu fèr-<u>tso</u>-len).

D *Apra* questa valigia! *Öffnen Sie* diesen Koffer (<u>öf</u>-nen sii <u>dii</u>-sen <u>ko</u>-fèr)! Ora so qualcosa di nuovo per Lei. Jetzt weiß ich etwas Neues für Sie (iétst vais ich <u>ét</u>-vas <u>noi</u>-es füür sii). Deve *pagare* il dazio per questo. Sie müssen für das hier Zoll *bezahlen* (sii <u>mü</u>-sen füür daas h'iir tsol bé-<u>tsaa</u>-len).

T Ma questo è un regalo. Aber das ist ein Geschenk (<u>aa</u>-bèr daas ist ain ghé-<u>shénk</u>).

D Per chi? Für wen (füür wéén)?

T Per Lei. Für Sie (füür sii).

8

Secondo capitolo

L'articolo determinativo

E Il tedesco e l'italiana amano la patria.
   Der Deutsche und **die** Italienerin lieben **das** Heimatland.

Pl **Die** Deutschen und **die** Italienerinnen lieben **die** Heimatländer.

R In tedesco esistono tre articoli determinativi:
   L'articolo maschile: **der** (dèèr) **R 1**
   L'articolo femminile: **die** (dii)
   L'articolo neutro: **das** (daas)
   L'articolo determinativo al plurale: **die** (dii).

Il genere e il numero dell'articolo dipendono dal nome.

L'articolo indeterminativo

E Un tedesco e un'italiana hanno un appuntamento.
   Ein Deutscher (1) und **eine** Italienerin (2) haben **ein** Rendezvous (3).

Pl Deutsche und Italienerinnen haben Rendezvous.

R Ci sono due articoli indeterminativi:
   L'articolo maschile (1) e neutro (3): **ein** (ain)
   L'articolo femminile (2): **eine** (<u>ai</u>ne)
   Al plurale non esiste l'articolo indeterminativo.

Casi

E Karl regala la rosa a Sara. Karl schenkt Sara die Rose.
   In tedesco il dativo è seguito dell'accusativo.

R **Nominativo**: Was (vaas) / che cosa?
   Wer (vèèr) / chi? (Karl).

Dativo: Wem (véém) / a chi? (a Sara).
Accusativo: Wen (véén) / chi? Was (vaas) /
che cosa? (la rosa)
Genitivo: wessen (v<u>é</u>-sen) / di chi? Il genitivo
esprime il possesso. La persona / cosa che
possede è al genitivo.
La rosa della ragazza / die Rose des Mädchens.

La declinazione dell'articolo determinativo

Tabella 1: <u>Declinazione dell'articolo
determinativo</u>

	N	A	D	G
m	**der**	den	dem	des
f	*die*	*die*	der	der
n	*das*	*das*	dem	des
Pl	*die*	*die*	den	der

N nominativo   A accusativo   D dativo
G genitivo

Vedi tabella 15, C 10
<u>Espediente mnemonico</u>:
Il padre saluta il figlio sulla banchina della stazione. **Der** Vater begrüßt **den** Sohn (**R 14**) auf **dem**
Bahnsteig **des** Bahnhofs. **(R6)** La donna vede la
camicetta nella vetrina della boutique. *Die* Frau
sieht *die* Bluse (**R 5**) in **der** Vitrine (**R 11**) **der**
Boutique. Il bambino vede il giocattolo nella vetrina del negozio. *Das* Kind sieht *das* Spielzeug
in **dem** Schaufenster **des** Ladens. I bambini
vedono i giocattoli nelle vetrine dei negozi. *Die*
Kinder sehen *die* Spielzeuge in **den** (**R29**)
Schaufenstern **der** Läden.

10

F Contrazioni

Si può formare contrazioni come segue:
L'ultima lettera dell'articolo determinativo >
l'ultima lettera della contrazione.
an dem > am (R 17), bei dem > beim, in dem >
im (R 2), von dem > vom (R 31), zu dem >
zum (R 3), zu der > zur (R 4), an das > ans, auf
das > aufs, durch das > durchs, für das > fürs, in
das > ins (R 16), um das > ums.

La declinazione dell'articolo indeterminativo

Tabella 2: Declinazione dell'articolo indeterminativo

	N	A	D	G
m	**ein**	ein ...	ein ...	ein ...
f	*eine*	*eine*	ein ... (**R 13**)	ein ...
n	*ein*	*ein*	ein ...	ein …

Espediente mnemonico:
Un uomo pensa: guardando uno specchio, una
donna vede una donna, una ragazza vede una
ragazza.
Ein Mann denkt: einen Spiegel (**R 6**) betrachtend
sieht *eine* Frau *eine* Frau. (**R 10**), sieht *ein*
Mädchen *ein* Mädchen.
**Usa una matita per scrivere le terminazioni
mancanti secondo la seguente regola:**
Regola: Si declina l'articolo indeterminativo
come segue: **ein + le due ultime lettere
dell'articolo determinativo. (R 32)**
Vedi tabella 15, C10, numero 1

11

I numeri cardinali / die Grundzahlen

0 null 100 hundert (h'un-
  (nul) dèrt)
1 eins (ains) 101 hunderteins
2 zwei (tsvai) (h'un-dèrt aïns)
3 drei (drai) 200 zweihundert
4 vier (fiir) (tsvai-h'un-dèrt)
5 fünf 1000 tausend (tau-
  (fünf) send)
6 sechs 1000 000 eine Million
  (séks) (ai-ne mili-on)
7 sieben (sii-ben)
8 acht (acht)
9 neun (noin)
10 zehn (tséén)
11 elf (èlf)
12 zwölf (tsvölf)
13 dreizehn (drai-tséén)
14 vierzehn (fiir-tséén)
15 fünfzehn (fünf-tséén)
16 sechzehn (sèch-tséén)
17 siebzehn (siib-tséén)
18 achtzehn (acht-tséén)
19 neunzehn (noin-tséén)
20 zwanzig (tsvan-tsigk)
21 einundzwanzig (ain-und-tsvan-tsigk)
22 zweiundzwanzig (tsvai-und-tsvan-tsigk)
30 dreißig (drai-ssigk)
40 vierzig (fiir-tsigk)
50 fünfzig (fünf-tsigk)
60 sechzig (sèch-tsigk)
70 siebzig (siib-tsigk)
80 achtzig (acht-tsigk)
90 neunzig (noin-tsigk)

12

R   Da 13 - 19: il numero + zehn per esempio:
dreizehn. **Eccezioni**: sechszehn > **sechzehn**,
siebenzehn > **siebzehn**.
Da 22 si prende l'unità + und + decina,
per esempio: zweiundzwanzig.

F Numeri ordinali / Ordnungszahlen

Der, die, das	
erste	<u>éérs</u>-te
zwei **te**	<u>tsvai</u>-te
dritte	<u>dri</u>-te
vier **te**	<u>fiir</u>-te
fünf **te**	<u>fünf</u>-te
sechs **te** (**R7/1**)	<u>séks</u>-te
siebte	<u>siib</u>-te
achte	<u>ach</u>-te
neun **te**	<u>noin</u>-te
zehn **te**	<u>tséén</u>-te
zwanzig **ste**	<u>tsvan</u>tsigk-ste

R   I numeri ordinali dal 2-19 si formano come
segue:
il numero cardinale + **-te**, dal 20 in poi il numero
cardinale + **-ste.**
Eccezioni: der/die/das **erste,   dritte,   siebte,
achte.**

F Frazioni / Bruchzahlen

R   Numero ordinale + **l** > frazione.
E   dritte + **l** > Drittel, vierte + **l** > Viertel,
sechste + **l** > Sechstel (**R7/2**)
Eccezione: ½ **ein halb**

13

F La data

R Per la data si usano **i numeri ordinali**.

E Quanti ne abbiamo oggi? Den Wievielten haben wir heute (déén vi-fiil-ten h'aa-ben viir h'oi-te)?

Oggi è il due aprile. Heute ist der **zweite** April (hoi-te ist dèèr tsvai-te a-pril).

R Per precisare la data di un avvenimento si usa la parola **am** (an + dem > am). (**R 18**)

E Sono nato il due aprile. Ich bin **am** zweiten April geboren (ich bin am tsvai-ten a-pril géboo-ren).

R Per indicare il mese o la stagione si usa la parola **im** (in + dem > im).

E In giugno / estate. **Im** Juni / Sommer (im iuuni so-mer).

Per indicare l'anno si indicano i primi due numeri in *numeri cardinali*, poi la parola 'hundert' e dopo gli altri due numeri sempre in *numeri cardinali*. Per esempio 1999: *neunzehn*-hundert-*neunundneunzig*.

Dall'anno 2000 in poi si dice tutto il numero a quattro cifre come numero cardinale, per esempio:

2016 *zweitausendsechzehn*.

Ci sono due modi per indicare l'anno:

2000. Zweitausend oppure im Jahr zweitausend.

Per indicare le feste si usa la preposizione **an / zu**. A Pasqua **an / zu** Ostern (an tsu oo- stèrn).

14

F Che ore sono?

Che ore sono? Wie viel Uhr ist es (vii fiil uur ist és)? Oppure: Wie spät ist es (vii shpèèt ist és)?

E / es ist 4.00 vier Uhr (fiir uur) 4.10 zehn *nach* vier (tséén nach viir) (1) 4.15 Viertel *nach* vier (fiir-tel nach fiir) (2) 4.30 halb fünf (h'alb fünf) (3) 4.40 zwanzig *vor* fünf (tsvan-tsigk foor fünf) (4) 4.45 Viertel *vor* fünf (fiir-tel foor fünf) 5.00 fünf Uhr (fünf uur).

R 1 Fino alla mezza ora si usa la preposizione *nach* e si conta rispetto a l'ora passata.

    2 Un quarto si chiama 'ein Viertel'.

    3 Per indicare la mezza ora si conta rispetto alla prossima ora.

    4 Al di là della mezza ora si usa *vor* e conta rispetto all'ora seguente.

Per indicare gli orari ufficiali, la regola è la stessa come in italiano. Prima l'ora, dopo i minuti.
4.10 vier Uhr zehn (fiir uur tséén)

R Alla domanda 'a che ora / um wieviel Uhr' oppure 'quando / wann' si risponde per **um** + l'ora.

E A che ora vieni / um wie viel Uhr kommst du? Vengo alle dieci in punto / ich komme **um** zehn Uhr.

Dov`è la stazione / Wo ist der Bahnhof?

Luogo: Monaco
un turista T, una passante P

T Scusi Signora. Entschuldigung, meine Dame (ént-shul-digungk mai-ne daa-me). Dov`è la stazione? Wo ist **der** Bahnhof (voo ist dèèr baan-h'oof)?

P Nel centro città. **Im** Stadtzentrum (im shtat-tsén-trum).

T *Ci* posso andare a piedi? Kann ich zu Fuß *dorthin* gehen (kan ich tsu fuus dort-h'iin ghé-h'en)?

P Non è possibile perche è troppo lontano. Das ist nicht möglich, weil es zu weit ist (daas ist nicht möög-lich vail es tsu vait ist). La stazione *dista* 10 km da qui. Der Bahnhof *ist* 10 km von hier *entfernt* (dèèr baan-h'oof ist tséén kilo-méé-tèr fon h'iir ent-fèrnt).

T Come ci posso andare ? Wie kann ich dorthin fahren (vii kan ich dort-h'iin faa-ren)?

P Per andare alla fermata deve andare sempre tutto diritto fino al semaforo, poi girare a destra e prendere la seconda strada a destra. Um **zur** Bushaltestelle zu kommen müssen Sie immer geradeaus gehen bis zur Ampel, dann rechts abbiegen und **die** zweite Straße rechts nehmen (um tsuur bus-h'altéshtélle tsu komen mü-sen sii i-mer ghéraade-aus ghé-h'en bis tsuur am-pel dan rèchts ab-biighen und dii tsvai-te shtraa-sse rèchts néé-men). Per andare alla stazione di metro deve *traversare* questa piazza, poi andare tutto diritto fino all'incrocio e girare a sinistra. Um zur Metrostation zu

16

kommen müssen Sie diesen Platz *überque-*
ren, dann geradeaus gehen bis zur Kreuzung
und links abbiegen (um tsuur <u>métro</u>shtatsion
tsu <u>ko</u>-men <u>mü</u>-sen sii <u>dii</u>-sen plats üü<u>bèr</u>-
<u>kvéé</u>-ren dan ghéraade-<u>aus</u> <u>ghé</u>-h'en bis tsuur
<u>kroi</u>-tsungk und links <u>ab</u>-biighen).

T Quale metro va alla stazione? Welche Unter-
grundbahn fährt **zum** Bahnhof (<u>vél</u>-che <u>un</u>-
tèrgrundbaan fèèrt tsum <u>baanh</u>'oof)?

P Deve *prendere* il metrò U2. Sie müssen die U-
Bahn U2 *nehmen* (sii <u>mü</u>-sen dii <u>uu</u>-baan uu
tsvai <u>néé</u>-men).

T Quante fermate ci sono fino alla stazione?
Wie viele Haltestellen sind es bis zum Bahn-
hof (vii <u>fii</u>-le <u>h'al</u>- te-shtélen sind és bis tsum
<u>baan</u>-h'oof)?

P Mi dispiace, non lo so. Es tut mir leid, ich
weiß es nicht (es tuut miir laid ich vais es
nicht).

T Molte grazie, Signora. Vielen Dank, meine
Dame (<u>fii</u>-len dank <u>mai</u>-ne <u>daa</u>-me).

Domanda 1 (D1): der che genere? **Risposta 1
(R1)**: capitolo 2 (C2)
D2: im che contrazione? **R2**: C2 **D3**: zum che
contrazione? **R3**: C2 **D4**: zur che contrazione?
R4: C2 **D5**: die che caso? **R5** C2

**Vi prego di imparare le parole sottolineate nel
vocabolario da <u>bistecca</u> a <u>cucina</u>.**

Terzo capitolo

I sostantivi

E Il tedesco e l'italiana amano la patria.
. Der **D**eutsche und die **I**talienerin lieben das **H**eimatland.
R In tedesco esistono tre sostantivi:
    il sostantivo maschile (der **D**eutsche)
    il sostantivo femminile (die **I**talienerin)
    il sostantivo neutro (das **H**eimatland)
Tutti i sostantivi iniziano con una lettera **maiuscola**.

F Genere del sostantivo

<u>Maschile</u>: Persone con sesso maschile. I nomi delle automobili.

E Il giornalista riporta la carriera dello studente di dottorato al produttore e al presidente.
    Der Journal**ist** berichtet über die Karriere vom Doktor**and** zum Fabrik**ant** und Präsid**ent**.
    Sostantivi con la desinenza: **-ist**, **-and**, **-ant**, **-ent**.

<u>Femminile</u>: Persone con sesso femminile. I numeri cardinali sostantivati (die Vier / il quattro).

E Carlo va in biblioteca, compra un giornale e scopre la possibilità di guarire la sua malattia attraverso la scienza medica.
    Carlo geht in die Bücher**ei**, kauft eine Zeit**ung** und findet die Möglich**keit**, seine Krank**heit** durch die medizinische Wissen**schaft** zu heilen.
    I sostantivi con la desinenza **-ei**, **-ung**, **-keit**, **-heit**, **-schaft**.

18

Neutro:

E Il bambino impara prima la lingua più tardi le lettere.

Das Kind lernt zuerst die Sprache, später die Buchstaben.

R Gli esseri giovani (das Kind), le lingue (das Deutsch), le lettere (das B).

I colori (il blu / das Blau), i nomi di metalli (l'oro / das Gold), i nomi colletivi (i soldi / das Geld)

I diminutivi che si formano con il suffisso **-chen -lein** (das Mäd**chen** / la ragazza, das Fräu**lein** / la signorina).

F Il plurale / der Plural

E Le macchine guidano per le strade. Le conduttrici vedono attraverso i finestrini le foreste e gli stagni.

Die Autos (1) fahren auf den Straßen (2). Die Fahrerinnen (3) sehen durch die Fenster (4) die Teiche (5).

R 1 **-s** (Auto > Auto**s**): per i nomi stranieri.

2 **-n** (Straße > Straße**n**): spesso per nomi femminili.

-en: sempre per i nomi su **-ei, -ung, -keit -heit, -schaft**.

3 **-nen** (Fahrerin > Fahrerin**nen**) nomi femminili su **-in**.

4 (Fenster > Fenster) Il sostantivo al plurale resta invariato.

E La signorina indossa un cappotto. La ragazza porta un pullover e un bambino sulla schiena.

Das Fräu**lein** trägt einen Man**tel**.

Das Mäd**chen** trägt einen Pullov**er** und ein Kind auf dem Rück**en**.

19

Il sostantivo al plurale resta invariato:
Sempre per nomi su -**lein, -chen**.
Maggiormente per nomi su -**el, -er, -en**.
5 -**e** (Teich > Teich**e**): Spesso per nomi monosillabi.

F I sostantivi composti

Un sostantivo composto può essere formato da un sostantivo unito a:
un altro sostantivo: Brief + Kasten > Briefkasten (bocca delle lettere)
un verbo: liegen + Wagen > Liegewagen (carrozza cuccette) (**R 8**) (**R25**)
un aggettivo: halb + Pension > Halbpension (mezza pensione)
un avverbio: zusammen + Arbeit > Zusammen-arbeit (cooperazione).
L'ultimo elemento è sempre un sostantivo che determina **il genere** e la **forma del plurale** del sostantivo composto. Der Eintritt + **die** Karte > **die** Eintrittskarte, die Eintrittskarte**n**.

F Nomi indicanti mestieri

R Professione maschile + -**in** > professione femminile.
E Journalist + -**in** > Journalist**in**.
Alcuni nomi indicanti mestieri finiscono in -**mann** nella versione maschile e -**frau** nella versione femminile.
E Geschäfts**mann** (uomo d'affari), Geschäfts-**frau** (donna d'affari). Il plurale di questi nomi si forma con la parola base -**leute**: Geschäfts-**leute**.

20

F Giorni della settimana

lunedì	Montag <u>mon</u>-taag
martedì	Dienstag <u>diins</u>-taag
mercoledì	Mittwoch <u>mit</u>-voch
giovedì	Donnerstag <u>do</u>-nèrs-taag
venerdì	Freitag <u>frai</u>-taag
sabato	Samstag <u>sams</u>-taag
domenica	Sonntag <u>son</u>-taag

F Mesi

gennaaio	Januar <u>ia</u>-nuar
febraio	Februar <u>fé</u>-bruar
marzo	März mèrts
aprile	April a-<u>pril</u>
maggio	Mai mai
giugno	Juni <u>iuu</u>-nii
luglio	Juli <u>iuu</u>-lii
agosto	August au-<u>gust</u>
settembre	September sep-<u>tém</u>-ber
ottobre	Oktober ok-<u>too</u>-ber
novembre	November no-<u>fém</u>-ber
dicembre	Dezember dé-<u>tsém</u>-be

F Stagioni

primavera	Frühling <u>früü</u>-ling
estate	Sommer <u>so</u>-mer
autunno	Herbst h'èrbst
inverno	Winter <u>win</u>-ter

Lo sciopero / Der Streik

Luogo: La stazione a Monaco
un turista T, un impiegato I

T (davanti allo sportello / vor dem Schalter)
Quando parte il prossimo treno per Berlino?
Wann fährt der nächste Zug nach Berlin (van
fèèrt dèèr nèk-ste tsuugk nach bèr-liin)?

I Non *lo* so. Ich weiß *es* nicht (ich vais es nicht).
Invece dell`orario abbiamo da ieri uno scope-
ro. An Stelle des Fahrplans haben wir seit
gestern **einen** Streik (an-sté-le dés faar-plaans
h'aa-ben viir sait gé-stèrn ai-nen shtraik).

T Da quale binario parte il treno? Von welchem
Bahnsteig fährt der Zug ab (fon vél-chem
baan-staig fèèrt dèèr tsuugk ab)?

I Dal binario sei. Von Bahnsteig **sechs** (fon
baan-staig séks).

T Devo cambiare? Muss ich umsteigen (mus
ich umshtaighen)?

I Deve cambiare a Göttingen. Sie müssen in
Göttingen umsteigen(sii mü-sen in göt-inghen
um-shtaighen).

T Ho una coincidenza per Berlino? Habe ich einen Anschluss nach Berlin? (h'aa-be ich ainen
an-shlus nach bèr-liin)?

I Sì. Ja (iaa).

T Quanto tempo dura il viaggio? Wie lange dau-
ert die Fahrt (vii lan-ghe dau-ert dii faart)?

I Normalmente cinque ore, ma oggi per lo sciopero otto ore. Normalerweise fünf Stunden,
aber heute wegen des Streikes acht Stunden
(nor-maa-lèr-vaise fünf   shtun-den aa-bèr
h'oi-te vèèghen des shtrai-kes acht shtunden).

22

T C`è una carrozza cuccette? Gibt es einen **Lie-gewagen** (ghibt és <u>ai</u>-nen <u>lii</u>-ghe-<u>vaa</u>-ghen)?

I Si, ma per lo sciopero solo fino a Göttingen. Ja, aber wegen des Streikes nur bis Göttingen (iaa <u>aa</u>-ber <u>vèè</u>-ghen dés <u>strai</u>-kes nuur bis <u>göt</u>-in-ghen).

T Vorrei *prenotare* una cuccetta e un posto al finestrino. Ich möchte einen Fenster- und Liegeplatz *reservieren* (ich <u>möch</u>-te <u>ai</u>-nen <u>fén</u>-stèr und <u>lii</u>-ghéplats résèr-<u>vii</u>- ren). Vorrei un biglietto di seconda classe, andata e ritorno, il ritorno senza sciopero, per favore. Eine

. Fahrkarte in der zweiten Klasse, hin und zurück, die Rückfahrt bitte ohne Streik (<u>ai</u>-ne <u>faar</u>-karte in dèèr <u>tsvai</u>-ten <u>kla</u>-se h'iin und tsu-<u>rük</u> dii <u>rük</u>-faart <u>bi</u>-té <u>oo</u>-ne shtraik).

D6: einen che caso? **R6**: C2

F **D7: sechs** numero ordinale e frazione? **R7**: C2

D8: Liegewagen che sono i componenti del nome composto? **R8**: C3

F <u>Parole 'falsi amici'</u>

Ci sono in **tedesco** dei 'falsi amici', che sono simili alle *parole italiane* ma che hanno un altro senso.

alt /	*alto* /
vecchio	groß
de: **Blitz** /	il *blitz* /
il fulmine	die Blitzaktion
de: **Chef** /	lo c*hef* /
il capo	der Chefkoch

Vi prego di imparare le parole nel vocabolario da <u>dare</u> a <u>francobollo</u>.

Quarto capitolo

Aggettivi

E La madre italiana ama il padre tedesco e le belle figlie.
Die italienische Mutter liebt den deutschen Vater und die schönen Töchter.

R **L'aggettivo attributivo precede sempre il sostantivo di riferimento e viene declinato secondo il genere, il caso e il numero di questo. (R12)**

E Il padre guarda la bella figlia / le belle figlie.
Der Vater betrachtet die schöne Tochter / die schönen Töchter.

R Come in italiano l'aggettivo attributivo si declina secondo il sostantivo.

E La figlia è bella. Le figlie sono belle.
Die Tochter ist **schön**. Die Töchter sind **schön**.

R Aggettivi in posizione predicativa (non precedenti un sostantivo) **non sono mai declinati.**

I gradi di comparazione

E B è così bella come A. B ist **so** schön **wie** A.
so + aggettivo + **wie**
C è più bella di B. C ist schön**er als** B.
aggettivo + **er** + **als**
C è meno bella di D. C ist **weniger** schön **als** D.
weniger + aggettivo + **als**
D è la più bella e interessante donna. D ist die schön**ste** und interessant**este** Frau.
aggettivo + **ste** oppure **-este**

24

F Alcuni aggettivi monosillabici con la vocale a, o, u prendono l'Umlaut, per esempio:

lang (lungo) länger der längste
jung (giovane) jünger der jüngste

Per facilitare la pronuncia si può inserire o rimuovere una ‚e', per esempio:

teuer (caro), teuerer > teu(e)rer > teurer.

F Forme irregolari di comparativo e superlativo

ge:n (volentieri) lieber (<u>lii</u>-ber) am liebsten (<u>liib</u>-sten)

gut (buono) besser (<u>bé</u>-ser) am besten (<u>bé</u>-sten)

viel (molto) mehr (méér) (**R 28**) am meisten (<u>mai</u>-sten)

oft (spesso) öfter (<u>öf</u>-ter) am häufigsten (<u>h'oi</u>-figsten)

ho:h (alto) höher (<u>h'öö</u>-er) am höchsten (<u>h'ök</u>-sten)

nah (vicino) (**R 9**) näher (<u>nèè</u>-er) am nächsten (<u>nèk</u>-sten)

bald (presto) eher (<u>éh</u>'èr)   am ehesten (<u>éh</u>'ésten)

gross (grande) größer (grööser) am größten (gröössten)

F Falsi amici

die **Firma** /	la *firma* /
la ditta	die Unterschrift
kalt /	*caldo* /
freddo	warm
die **Kamera** /	la *camera* /
la macchina fotografica	das Zimmer

Tabella 3: Declinazione dell'aggettivo
coll'articolo determinativo

	N	A	D	G
	der	...	....	....
m	**schöne**	schön ...	schön ...	schön ...
	Mann	....	....	Mann ...
	die	die	....	....
f	*schöne*	schöne	schön ...	schön ...
	Frau	Frau	....	....
	das	das	....	....
n	*schöne*	schöne	schön ...	schön ...
	Mädchen	Mädchen		Mädchen ..
	die	die	....	....
pl	schön ...	schön ...	schön ...	schön ...
	Töchter	.....	Töchter ...	.....

Espediente mnemonico:
Il bell'uomo pensa: guardando allo specchio, la
bella donna vede la bella donna, la bella ragazza
vede la bella ragazza,
Der **schöne** Mann denkt: den Spiegel betrachtend
sieht die *schöne* Frau die *schöne* Frau, sieht das
schöne Mädchen das *schöne* Mädchen.
Gli articoli (der, die, das) indicano il genere
dell'aggettivo. Perciò non è necessario che la
desinenza aggettivale indichi il genere. Tutti gli
aggettivi hanno la stessa desinenza: -e.
Completa la tabella 3 secondo le regole 1-3:
Regla 1: Declinazione dell'articolo determinativo (**Vedi tabella 15, C10**).
Regla 2: gli aggettivi hanno la desinenza -en.
(**R 30**)

26

Regla 3: I nomi sono uguali. Eccezioni: Al genitivo singolare la maggior parte dei nomi maschili e neutri aggiunge la desinenza -es (des Mannes) oppure -s (des Mädchens). I sostantivi al **dativo plurale** hanno sempre la desinenza -**n**.

Tabella 4: <u>Declinazione dell'aggettivo con l'articolo indeterminativo</u>

	N	A	D	G
	ein	ein....	ein ...	ein ...
m	**schöner**	schön ...	schön ...	schön ...
	Mann	Mann	Mann	Mann**es**
	eine	eine	ein ...	ein ..
f	*schöne*	*schöne*	schön ...	schön ...
	Frau	Frau	Frau	Frau
	ein	ein	ein ...	ein ...
n	*schönes*	*schönes*	schön ...	schön ...
	Mädchen	Mädchen	Mädchen	Mädchen**s**
pl	*schöne*	*schöne*	schön ...	schön ...
	Frauen	Frauen	....	Frauen

<u>Espediente mnemonico:</u>
Un bell'uomo pensa: guardando lo specchio, una bella donna vede una bella donna, una bella ragazza vede una bella ragazza, belle donne vedono belle donne.

Ein **schöner** Mann denkt: den Spiegel betrachtend sieht eine *schöne* Frau eine *schöne* Frau, sieht ein *schönes* Mädchen ein *schönes* Mädchen, sehen *schöne* Frauen *schöne* Frauen.

L'articolo ,ein' non indica il genere dell'aggettivo. Perciò è necessario che la desinenza aggettivale indichi il genere. La desinenza -**er** (schöner) indica il genere **maschile**, la desinenza -**es**

27

(schönes) indica il genere **neutro.**
Completa la tabella 4 secondo le regole 1 > 2:
Regla 1: Declinazione dell'articulo indeterminativo: ein + **le due ultime lettere dell' articulo determinativo.**
Vedi tabella 15, C 10, numero 1.
Regla 2: gli aggetivi con l'articolo indeterminativo prendono come gli aggettivi con l'articolo determinativo le desinenze **-en. (R 41)**
Eccezione:
1. Al G pl desinenza **-er,** per esempio: die Fotos schön**er** Frauen / le fotografie delle belle donne.

F Declinazione degli aggettivi senza articolo

> **Regola: gli aggettivi senza articolo si declinano come gli aggettivi con l'articolo indeterminativo.**
> Eccezioni:
> dativo (m, n): schön**em**
> genitivo (f): schön**er**

Gli avverbi
E   Sofia è elegante. Lei può vestirsi elegantemente.
Sofia ist **elegant.** Sie kann sich **elegant** anziehen.
R   **In tedesco la maggior parte degli aggettivi può essere usata come avverbio.**

F Comparazione dell'avverbio
E   rapidamente più rapidamente più rapidamente di tutti/e

| schnell | schnell**er** | **am** schnell**sten** |
| presto | più presto | al più presto |

28

bald   eh**er**   **am** eh**esten**

R Il superlativo relativo dell'avverbio si forma aggiungendo il suffisso **-sten** oppure **-esten** e premettendo la particula **am.**

Saluto e congedo

Luogo: un albergo a Roma
una tedesca T, un italiano I

I Buon giorno va bene? Guten Tag, geht es gut (g̲u̲u̲-ten taagk ghéét és g̲u̲u̲t)?

T Molto bene, grazie. Sehr gut, danke (sèèr guut d̲a̲n̲-ke).

I Mi chiamo Gallo. Ich heiße Hahn (ich h̲'a̲i̲-sse h'aan). Come si chiama? Wie heißen Sie (vii h̲a̲i̲-ssen sii)?

T Mi chiamo Gallina. Ich heiße Henne (ich h̲a̲i̲-sse h'é̲-ne).

I Piacere. Sehr erfreut (sèèr èr-f̲r̲o̲i̲t̲). Lei di dov'è? Woher kommen Sie (vo-h̲'è̲è̲r̲ k̲o̲-men sii)?

T Sono di Berlino. Ich bin aus Berlin. (ich b̲i̲n̲ aus ber-l̲i̲i̲n̲) ... Mi dispiace, ma devo partire adesso. Es tut mir leid, aber ich muss jetzt gehen (és tuut miir laid a̲a̲-ber ich mus iétst g̲h̲é̲-h'en).

I Arrivederci, Signora Gallina, e buon ritorno a Berlino. Auf Wiedersehen, Frau Henne und gute Heimfahrt nach Berlin (auf w̲i̲i̲d̲e̲r̲-sè-h'en frau h'é̲-né und g̲u̲u̲-te h̲'a̲i̲m̲- faart nach ber-l̲i̲i̲n̲).

29

Il guasto all'automobile / Die Panne

Luogo: Berlino
un turista T, una passante P, impiegato I,
meccanico M

T Scusi, dov'è l'officina più vicina? Entschuldigung, wo ist die **nächste** Werkstatt (ent-
<u>shul</u>-digungk voo ist dii <u>nèk</u>-ste <u>vèrk</u>-stat)?
P (ridendo / lachend) Esattamente dietro di Lei.
Genau hinter Ihnen (ghé-<u>nau</u> h' <u>in</u>-tèr <u>ii</u>-nen).
I Buon giorno, che c'è? Guten Tag, was gibt es
(<u>guu</u>-ten taagk vaas ghibt es)?
T Resto in panne. Ich habe **eine** Panne (ich
h'<u>aa</u>-bé <u>ai</u>-né <u>pa</u>-né). Può controllare la mia
macchina? Können Sie mein Auto überprüfen
(<u>kön</u>-en sii main <u>au</u>-to übèr-<u>prüü</u>-fen)? Si è
fermata e *non* va *più*. Es hat angehalten und
fährt *nicht mehr* (es h'at <u>an</u>-ghéh'alten und
fèèrt nicht méér).
I Dove si è fermata? Wo hat es angehalten (voo
h'at es <u>an</u>-ghéh'alten)?
T Esattamente davanti all'officina. Genau vor
der Werkstatt (ghé-<u>nau</u> foor dèèr <u>vèrk</u>-stat).
I Bravo, è una brava macchina! Bravo, das ist
ein **gutes Auto** (<u>braa</u>-vo daas ist ain <u>guu</u>-tes
<u>au</u>-to). La chiave della macchina, per favo-
re. Bitte den Autoschlüssel (<u>bi</u>-te déén <u>au</u>-to-
<u>shlü</u>-sel). Mentre il mio meccanico controlla
la macchina, Lei può bere un caffè. Während
mein Mechaniker das Auto kontrolliert, können Sie einen Kaffee trinken (<u>vèè</u>-rend main
mé-<u>cha</u>-nikèr daas <u>au</u>-to kontro-<u>liirt</u> <u>kö</u>-nen sii
<u>ai</u>-nen <u>ka</u>-féé <u>trin</u>-ken).
Il meccanico ritorna dopo tre minuti. Der

Mechaniker kommt nach drei Minuten zurück.

T Come mai la macchina non va più? Warum
fährt das Auto nicht mehr (va-<u>rum</u> fäärt daas
<u>au</u>-to nicht méér)?

M Indovini un po`. Raten Sie ein wenig (<u>raa</u>-ten
sii ain <u>véé</u>-nigk).

T L`accensione non funziona? Funktioniert die
Zündung nicht (funktsio-<u>niirt</u> dii <u>tsün</u>-dungk
nicht)?

M No. Nein (nain).

T La batteria è scarica? Ist die Batterie leer (ist
dii bate-<u>rii</u> lèèr)?

M No, ma il serbatoio della benzina. Nein, aber
der Benzintank (nain <u>aa</u>-bèr dèèr bén-<u>tsiin</u>-
tank).

D9: nächste aggettivo? **R9**: C4
D10: eine Panne che genere, caso? **R10**: C2
D11: der che genere, caso? **R11**: C2
D12: gutes Auto regola? **R12**: C4

F Parole contrarie

largo / stretto **breit / schmal**, fuori / dentro
draußen / drinnen, primo / ultimo **erster /
letzter**, libero / occupato **frei / besetzt**, presto /
tardi **früh / spät**, duro / molle **hart / weich,**
chiaro / scuro **hell / dunkel**, caldo / freddo
warm / kalt, qui / là **hier / dort**, alto / basso
hoch / niedrig, su / giù **hinauf / hinunter**,
facile / difficile **leicht / schwierig**, leggero /
pesante **leicht / schwer**, lungo / corto **lang /
kurz**, a sinistra / a destra **links / rechts**, rumoroso / silenzioso **laut / leise**, dopo / prima di
nach / vor, vicino / lontano **nah / fern**, di sopra

/ di sotto **darauf / darunter**, aperto / chiuso **offen / geschlossen**, giusto / sbagliato **richtig / falsch**, rapido / lento **schnell / langsam**, bello / brutto **schön / hässlich**, forte / debole **stark / schwach**, dolce / acido **süss / sauer**, secco / bagnato **trocken / nass**, pieno / vuoto **voll / leer.**

F Locuzioni importanti

Di che cosa / wovon, worüber ha parlato / haben Sie gesprochen (ghe-<u>shpro</u>-chen)? **A che cosa / wozu, woran** pensi / woran denkst du (vo-<u>raan</u> denkst duu)?

Come / wie sta Lei / geht (ghéét) es Ihnen, posso andare a / komme ich nach, quanto dista …/ wie weit (vait) ist es bis …, quanto tempo dura …/ wie lange (langhe) dauert…?

Dove / wohin va il prossimo treno / fährt der nächste Zug (fäärt dèr <u>näk</u>-ste tsuugk)?

F Falsi amici

die **Kantine** /	la *cantina* /
la mensa	der Keller
die **Karte** /	la *carta* /
la cartolina	das Papier
komisch /	*comico* /
strano	lustig
der **Konkurs** /	il *concorso* /
il fallimento	der Wettbewerb
der **Lampion** /	*il lampione* /
il lampioncino	die Laterne

Vi prego di imparare le parole da <u>frontiera</u> a <u>Italia.</u>

Quinto capitolo

I verbi regolari

R L'infinito dei verbi, sia regolari sia irregolari, ha la desinenza **-en** oppure **-n**, per esempio: lern**en** / imparare, wander**n** / camminare.

Tolta la desinenza dell' infinito rimane il tema del verbo: lern**en** > lern(en) > **lern-,** wander**n** > **wander-**

R1 I verbi regolari formano il presente come segue:

Il tema del verbo + **desinenze del presente**.

R2 Il tema di un verbo regolare resta lo stesso per tutti i soggetti e tutti i tempi.

Coniugazione del verbo

E imparare / lernen

soggetto	tema	desinenza
io / ich (ij)	lern	**-e**
tu / du (duu)	.....	**-st**
lui / er (èèr)	.....	**-t**
lei / sie (sii)	.....	**-t**
lui, lei (neutro) (éés)	.....	**-t**
noi wir (viir)	.....	**....**
voi / ihr (iir)	.....	**....**
loro / sie (sii)	.....	**....**

Completa la coniugazione secondo le regole

R 2 > R 3 > R4

R3 L'infinito e la prima e terza persona del Pl al indicativo sono **uguali**.

R4 La terza persona dello Sg e la seconda persona del Pl sono **uguali**.

33

F Ci sono dei verbi che aggiungiono dopo il tema un 'e' per falicitare la pronuncia, per esempio:
respirare / atmen: du atm-st > atm-**e**-st
lavorare / arbeiten: er arbeit-t > arbeit-**e**-t
fare il bagno / baden: ihr bad-t > bad-**e**-t

Coniugazione del preterito

R 1. pers. Sg presente + **t** > 1. pers. Sg preterito
Ich lern - e + **t** > ich lern - **t** - e
E Imparavo l'italiano a Roma.
Sofia imparava il tedesco a Monaco.
Ich *lernte* Italienisch in Rom.
Sofia *lernte* Deutsch in München.
R1 La prima e la terza persona Sg del passato indicativo sono **uguali**. Oni volta che la prima e la terza persona Sg del passato indicativo sono uguali **in un verbo regulare o irregulare**, si applica la seguente regola:
R2 Anche la prima e la terza persona Pl del passato indicativo sono uguali.
R3 La coniugazione del passato indicativo è formata come segue:
1. persona del passato indicativo senza soggetto, ad esempio ich lernte > **lernte** (rimane uguale per tutti i soggetti)
+ *desinenze: -st > -en > -t (ee > e)*

E ich **lernte** / imparavo

ich,er,sie,es	**lernte**
du	**lernte** - *st*
wir, sie	**lernte** - *en* > lern*ten*
ihr	**lernte** - *t*

34

Per falicitare la pronuncia si deve inserire una **e** prima della desinenza, per esempio:
aprire / öffn-**en**
ich / er / sie / es öffn- te > öffn-**e**-te

I verbi irregolari

Definizione: I verbi irregolari sono quelli in cui, al passato, cambia il vocalismo del tema.
R1 L'infinito e la prima e terza persona del Pl al indicativo presente sono ***uguali***. (Eccezione: sein / sind / sind)

Verbi con cambio del vocale

R2 I verbi cambiano la vocale del tema nella seconda e la terza persona singolare:
a > ä, e > i oppure **ie, o > ö**

Tabella 5: <u>Coniugazione: verbi con cambio del vocale (presente)</u>

fahren / andare ***geben*** / dare ***lesen*** / leggere ***stoßen*** / colpire

a > ä	e > i	e > ie	o > ö
ich fahre	ich gebe	ich lese	ich stoße
du f...hrst	du g...bst	du l...st	du st...ßt
er f...hrt	er g...bt	er l...st	er st...ßt
wir ...	wir	wir	wir ....
ihr fahrt	ihr gebt	ihr lest	ihr stoßt
sie ...	sie	sie	sie ....

Completa la coniugazione secondo le regole R2 > R1:

F Il preterito dei verbi irregolari

E A Piazza Navona, ho regalato a Sofia un braccialetto. Lei mi ha dato un bacio.
Auf der Piazza Navona **gab** ich Sofia ein Armband. Sie **gab** mir einen Kuss.

R La prima e terza persona Sg hanno **la stessa forma.** (ver verbos irregulares C10, pagine 88-91)

Tabella 6: Coniugazione del passato

ich gab / davo, ich ging / andavo, ich riet / consigliavo, ich fuhr / andavo

ich,er,sie,es	**gab**	**ging**	**riet**	**fuhr**
du	**gab**-*st*	**ging**-*st*	**riet**- ...	**fuhr**- ...
wir, sie	**gab**- ...	**ging**- ...	**riet**- ...	**fuhr**- ...
ihr	**gab**- ...	**ging**-*t*	**riet**-*et*	**fuhr** -*t*

Completa le coniugazioni con le desinenze
-st -en -t

Verbi ausiliari (haben, sein, werden)

Coniugazione del presente indicativo

haben (avere) sein (essere) werden (diventare)

Präsens	ich	habe	bin	werde
presente	du	hast	bist	wirst
	er/sie/es	hat	ist	wird
	wir	haben	**sind**	werden
	ihr	habt	seid	werdet
	sie	haben	**sind**	werden

Tabela 7: <u>Coniugazione del passato</u>

Ich war / ero ich hatte / avevo ich wurde / diventavo

ich,er,sie,es	war	hatte	wurde
du	war *-st*	hatte-*st*	wurde-*st*
wir, sie	war-*en*	hatt(e) -*en*	wurd(e) -*en*
ihr	*war -t*	*hatte -t*	*wurde -t*

I verbi modali

dürfen / potere, dovere (un permesso), **können** potere, sapere (possibilità, capacità), **wollen** / volere (desiderio, un'intenzione), **mögen** / volere (desiderio), **müssen** dovere, essere costretto (necessità), **sollen** / dovere (prescrizione, un consiglio).

<u>Espediente mnemonico</u>: Spero che possiamo fare ciò che sapiamo e che vogliamo e che ci piace ciò che siamo costretti da fare o che dobbiamo fare.

Ich hoffe, dass wir das tun **<u>dürfen</u>**, was wir tun **können** und was wir tun **wollen** und dass wir **<u>mögen</u>**, was wir tun **müssen** oder was wir tun **sollen**. (**R15**)

E Voglio fare un viaggio a Roma. Ich **will** eine Reise nach Rom **machen**.

R Nella **proposizione principale**, i verbi modali reggono **l'infinito**, che occupa **l'ultima posizione**.

E Sofia dice che vuole fare un viaggio a Monaco. Sofia sagt, dass sie eine Reise nach München **machen will**.

R Nella **frase secondaria**, il **verbo modale**

37

coniugato è posto **dopo l'infinito.**
R I verbi modali possono anche rimanere senza
secondo verbo all'infinito se il contest è ov-
vio.
E Devo a casa. Ich muss nach Hause.

Tabella 8: <u>Coniugazione dei verbi modali</u>
<u>(presente indicativo)</u>
dürfen, können, mögen, müssen, sollen

ich,er,sie,es	darf	kann	mag	muss	soll
du		darfst	kannst	magst	musst sollst
wir / sie	....	....	....	....
ihr		dürft	könnt	mögt	müsst sollt

Completa la coniugazione secondo la regola:
R L'infinito e la prima e terza persona del Pl nel
presente indicativo sono *uguali.*

F <u>Der Konjunktiv II (il congiuntivo II)</u>

R *I verbi ausiliari (sein, haben, werden)* e i
verbi modali hanno delle proprie forme del
Konjunktiv II.
.

<u>La formazione del Konjunktiv II</u>

verbo	preterito + Umlaut	KonjunktivII
können	konnte	ich könnte / podría
dürfen	durfte	ich dürfte
mögen	mochte	ich möchte
müssen	musste	ich müsste
haben	*hatte*	*ich hätte*
werden	*wurde*	*ich würde*

38

Eccezioni:

sein	*war*	*ich* wäre
sollen	sollte	ich sollte
wollen	wollte	ich wollte

Coniugazione del Konjunktiv II (verbi modali e ausiliari)

R La coniugazione è formata come segue:
1. **persona Sg del Konjunktiv II senza soggetto** + *desinenze -st -en -t (ee > e)*. **(R23)**

Tabella 9: Coniugazione del Konjunktiv II

ich,er,

sie,es	**möchte**	**könnte**	**würde**
du	**möchte**-*st*	**könnt**e-*st*	**würde**-*st*
wir,sie	**möcht(e)**-*en*	**könnt(e)**-*en*	**würd(e)**-*en*
ihr	**möchte**-*t*	**könnte**-*t*	**würde** -*t*

Il Konjunktiv II si utilizza per esprimere:
Un *consiglio* usando il verbo modale sollen (dovere):
Sofia, dovresti comprare un nuovo vestito per il viaggio.
Sofia, du *solltest* ein neues Kleid für die Reise kaufen.
Un *desiderio*: Vorrei comprare l'abito a Roma.
Ich *möchte* das Kleid in Rom kaufen.
Una *cortese richiesta*: (**R 39**) Potresti comprare l'abito a Berlino, per favore.
Könntest du das Kleid bitte in Berlin kaufen?

Konjunktiv II (Condizionale presente)

R I verbi regolari e irregolari formano il Konjunktiv II come segue:

Konjunktiv II del verbo 'werden'
+ *l'infinito al fine della frase*.

E Se avessi molto tempo, imparerei molte lingue
   e scriverei molti corsi di lingua.
   Wenn ich viel Zeit hätte, **würde** ich viele
   Sprachen *lernen* (verbo regolare) und viele
   Sprachkurse *schreiben* (verbo irregolare).

F Il futuro / das Futur

R Si forma il futuro semplice come segue:
   L'ausiliaire 'werden' al presente indicativo +
   l'infinito del verbo alla fine della frase. **R 24**

E Andrò al concerto con Sofia. Ich **werde** mit
   Sofia ins Konzert *gehen*.

R Quando è presente un avverbio di tempo che
   ha già in sé l'idea di futuro, i tedeschi usano
   spesso il presente indicativo invece del futuro,
   per esempio: Domani andremo al concerto.
   Morgen gehen wir ins Konzert.

F Falsi amici

morbide / marcio	*morbido* / weich
die **Nonne** / la suora	la *nonna* / die Oma
die **Peperoni** / il peperoncino	il *peperone* / die Paprika
polieren / lucidare	*pulire* / putzen
der, das **Sakko** / la giacca	il *sacco* / der Sack

40

Primo incontro / Erste Begegnung

Piazza del mercato a Capri. Marktplatz in Capri. Davanti a un albergo. Vor einem Hotel.
Accanto all`entrata due valige. Neben dem
Eingang zwei Koffer.
una turista G, un turista T

T *Le* piace qui? Gefällt es *Ihnen* hier (ghé-<u>fèlt</u> es
<u>ii</u>-nen hiir)?

G Sì, mi piace molto. Ja, es gefällt mir sehr (iaa
es ghé-<u>fèlt</u> miir sèèr).

T *Lei* di dov`è? Woher sind *Sie* (vo-<u>h'èèr</u> sind
sii)?

G Sono di Roma. Ich bin aus Rom (ich bin aus
room).

T Que sorpresa, anch`io. Welche Überraschung,
ich auch (<u>vél</u>-che über-<u>ra</u>-shungk ich auch).
Che lavoro fa? Was machen Sie beruflich
(vaas <u>ma</u>-chen sii bé-<u>ruuf</u>-lich)?

G Sono studentessa. Ich bin Studentin (ich bin
shtu-<u>den</u>-tin).

T Anch`io sono studente. Ich bin auch Student
(ich bin auch shtu-<u>dent</u>). Il mio nome è Tino
Baci. Mein Name ist Tino Baci (main <u>naa</u>-me
ist <u>tii</u>-no <u>baa</u>-tshi).

G (sorridendo / lächelnd) Piacere. Sehr erfreut
(sèèr èr-<u>froit</u>).

T Qual è il suo nome? Wie heißen Sie (vii <u>h'ai</u>-
ssen sii)?

G Gina Borelli.

T *Ha trovato* un buon albergo*? Haben Sie* ein
gutes Hotel *gefunden* (<u>h'aa</u>-ben sii ain <u>guu</u>-
tes h'o-<u>tèl</u> ghé-<u>fun</u>-den)?

G Sì, quell`albergo là. Ja, das Hotel dort (iaa

41

daas h'o-tèl dort).

T Anch`io sono in quest`albergo. Ich bin auch in diesem Hotel (ich bin auch in die-sem h'o-tèl). È *qui* con la famiglia? Sind Sie mit der Familie *hier* (sind sii mit dèèr famiilié h'iir)?

G No, sono sola. Nein, ich bin allein (nain ich bin a-lain).

T Anch`io. Ich auch (ich auch). Sono arrivato l`altro ieri. Ich bin vorgestern angekommen (ich bin foor-ghéstèrn an-ghé-komen). Quando è arrivata? Wann sind Sie angekommen (van sind sii an-ghé-komen)?

G Una settimana fa. Vor **einer Woche** (foor ai-ner voche).

T Fino a quando resta Lei? Bis wann bleiben Sie (bis van blai-ben sii)?

G Sto per partire. Ich werde gleich abreisen (ich vèr-de glaich ab-raisen). Là sono le mie valige. Dort sind meine Koffer (dort sind mai-ne ko-fèr). Aspetto il taxista per andare al porto. Ich warte auf **den** Taxichauffeur, um zum Hafen zu fahren (ich var-te auf déén ta-xi-sho-föör um tsum h'aa-fen tsu faa-ren).

T Che peccato! Wie schade (vii shaa-dé) ! Ci possiamo incontrare a Roma? **Können** wir uns in Rom treffen (kö-nen viir uns in room trè-fen)? Andiamo al cinema? Gehen wir **ins** Kino (ghé-h'en viir ins ki-no)?

G Non mi interesso di cinema. Ich interessiere mich nicht für das Kino (ich intèrè-sii-re mich nicht füür daas ki-no).

T Andiamo in una discoteca? Gehen wir in eine Diskothek (ghé-h'en viir in ai-ne disko-téék)?

G Non ho voglia di andare in discoteca. Ich habe keine Lust, in eine Diskothek zu gehen (ich

42

h'aa-be kai-ne lust in ai-ne disko-téék tsu
ghé-h'en).

T Di che cosa si occupa nel suo tempo libero?
Womit beschäftigen Sie sich in Ihrer Freizeit
(vo-mit bé-shèf-ti-ghen sii sich in ii-rèr frai-
tsait)?

G Il mio hobby è l'opera. Mein Hobby ist die
Oper (main h'o-bi ist dii oo-pèr).

T È anche il mio hobby. Das ist auch mein Hobby (daas ist auch main h'o-bi). Ha tempo il sei
settembre? Haben Sie *am sechsten September* Zeit (h'aa-ben sii am sék-sten sép-tém-ber
tsait)?

G Un momento, per favore. Einen Moment, bitte
(ai-nen mo-ment bi-té). Devo vedere nell'a-
genda. Ich muss in meinem Kalender nach-
schauen (ich mus in mai-nem ka-lén-dèr
nach-shauen). La sera è libera. Der Abend ist
frei (dèèr aa-bend ist frai).

T (*compone un numero di telefono / wählt eine
Telefonnummer*): Cosa c`è in programma il
sei settembre? Was wird **am** sechsten September in der Oper gespielt (vaas vird am sék-
sten sép-tém-ber in dèèr oo-pèr ghé-shpiilt)?
Oh, una première. Oh, eine Premiere (oo ai-ne
prömi-èè-re). Chi canta la parte principale?
Wer singt die Hauptrolle (vèèr singt dii
h'aupt- -role)? Oh, Plácido Domingo. Ci sono
ancora due biglietti? Gibt es noch zwei Kar-
ten (ghibt és noch tsvai kar-ten)? Vorrei prenotare due posti in galleria. Ich möchte zwei
Plätze auf der Galerie vorbestellen (ich möchte tsvai plè-tsé auf dèèr gale-rii vor-bestellen).

G Cosa danno all`opera? Was geben sie in der
Oper (vaas ghèè-ben sii in dèèr oo-per)?

43

T   'Otello' di Verdi. 'Otello' von Verdi.

D13: **einer** Woche genere e caso? **R13**: C2
D14: **den** Taxifahrer caso? **R14**: C2
D15: **können** che sono i verbi modali? **R15**:
C5   **D16**: **ins** che contrazione? **R16**: C2
D17: **am** che contrazione? **R17**: C2
F   **D18**: **am 6. September** regola? **R18**: C2

F Locuzioni importanti

Dov'è / **wo ist** (voo ist) il/la ... più vicino/a
der/die/das nächste ..., il distributore più vicino /
die nächste **Tankstelle** (<u>tank</u>-sté-le), l'autonoleggio / die **Autovermietung** (<u>au</u>-to-fèr-mii-tungk),
il deposito bagagli / die **Gepäckaufbewahrung**
(ghé-<u>pèk</u>-auf-bévaarungk),   la biglietteria / der
Fahrkartenschalter (<u>faar</u>-kartenshalter), il banco del check-in / der Chek-in Schalter (tshèk-<u>in</u>-
shalter), un Bancomat / ein **Geldautomat** (<u>ghèld</u>-
automaaat),   l'ufficio per il turismo / das **Frem-
denverkehrsamt** (<u>frém</u>-denfèr-kéérs-amt)?
quando / **wann** (van), **a che ora** / **um wie viel
Uhr** (um vii viil uur) apre / **öffnet** (<u>öf</u>-net), fer-
ma / **schließt** (shliist),   comincia / **beginnt** (bé-
<u>ghint</u>), termina / **endet** (<u>én</u>-det),   parte / **fährt** ...
ab (fèèrt <u>ab</u>), arriva / **kommt ... an** (komt <u>an</u>), è
il / la prossimo/a ... / ist der / die / das nächste ...
(ist dèèr dii daas <u>nèk</u>-ste)?

Vi prego di imparare le parole da <u>lago</u> a <u>nave</u>.

Sesto capitolo

Das Perfekt / il passato prossimo

Il Perfekt si forma con il verbo ausiliare coniugato (**haben** oppure **sein**) al tempo presente **e il participio passato (sempre invariabile).**

Verbi regolari

E Sofia mi ha baciato.
    Sofia hat mich **geküsst.**

R Si forma il participio passato normalmente come segue:
    ge- + tema + **-t**
    baciare / küssen: **ge** - küss **-t**
    Eccezione: I verbi con la desinenza **-ieren** non aggiungono il prefisso **-ge** e sono sempre regolari: telefonare / telefon*ieren* > hat <u>telefoniert</u>.

F Per facilitare la pronuncia si aggiunge **e** dopo il tema: parlare / reden > hat ge-red - t > ge-red **-e-** t.

Verbi irregolari

Il perfecto dei verbi irregolari: vedi i verbi irregolari **C 10**, pagine 88-91.

E Ho regalato un regalo a Sofia.
    Ich habe Sofia ein Geschenk **gegeben.**

R Si forma per la maggior parte il participio passato come segue:
    ge- + tema + **-en**
    dare / geben: **ge-** geb **-en**

Participio passato con l'ausiliare **sein**

E Sofia si è svegliata la mattina. Am Morgen **ist** Sofia auf**ge**wacht. (1) Poi è andata alla stanza da bagno. Danach **ist** sie in das Bad **ge**gang-en. (2)

R Si usa l'ausiliare **sein** con verbi intransitivi che indicano un **cambiamento di stato** (1), con **verbi intransitivi di movimento** da e verso luogo. (2) (**R 41**)

R Si usa l'ausiliare **sein** con i verbi:
   sein / essere, **bleiben** / restare, **begegnen** / incontrare, **geschehen** / succedere, **passieren** / capitare.
   Espediente mnemonico:
   Sono sempre stato innamorato di Sofia e sono rimasto fedele a lei. Anche se ho incontrato donne attraenti nei miei viaggi di lavoro, non è successo o capitato niente.
   Ich bin immer in Sofia verliebt **gewesen** und ich bin ihr treu **geblieben**. Auch wenn mir auf meinen Geschäftsreisen attraktive Frauen **begegnet** sind, ist nichts **geschehen** oder **passiert**.

Participio passato con l'ausiliare **haben**

E Ho aperto la porta della stanza da bagno. Ich **habe** die Tür des Bads **geöffnet**. (1) Sofia si è truccato davanti allo specchio e è stata molto brava a farlo. Sofia **hat sich** vor dem Spiegel **geschminkt** (2) und das hat sie sehr gut **gekonnt**. (3)

R Si usa l'ausiliare **haben** con tutti i **verbi con complemento oggetto** (1) con i **verbi riflessivi** (2) e con tutti i **verbi modali** (3). (**R27**)

46

I verbi con prefisso

Questi verbi sono composti per un prefisso e un verbo base (auf - wachen / svegliarsi). Un verbo composto è separabile se il prefisso porta l'accento tonico (**auf** - wachen) (**R 26**) e *inseparabile* se l'accento tonico non cade sul prefisso, ma sul tema (*be*trachten / guardare, sich *ver*lieben / innamorarsi).

I verbi separabili

E La sera Sofia ha detto / am Abend hat Sofia gesagt:
'Mi sdraio. Ich lege mich hin.' (1) Poi si addormentava subito. Danach schlief sie sofort ein. (2) Si è svegliata la mattina. Am Morgen ist sie aufgewacht. (3)

R Al presente (1) e al preterito (2) il prefisso separabile (hin, ein) si stacca dal verbo e va all'ultima posizione della frase.
Nei verbi separabili, sia regolari o irregolari, il prefisso del participio -**ge** si inserisce tra prefisso e verbo. (3)

I verbi inseparabili

E Ho guardato Sofia e ho pensato. Ich habe Sofia *be*trachtet (1) und ich habe gedacht:
'Mi innamoravo di questa donna al nostro primo appuntamento. In diese Frau *ver*liebte (2) ich mich bei unserem ersten Rendezvous. Ogni giorno mi innamoro di più. Jeden Tag *ver*liebe (3) ich mich noch mehr.'

R Nei verbi con prefisso inseparabile al participio passato il prefisso -**ge** si omette. (1)
Il prefisso non va mai separato dal tema del verbo al preterito (2) oppure al presente (3).

47

Ci sono soltanto otto prefissi inseparabili:
be-, emp-, ent-, er-, ge-, miss-, ver-, zer-.

Espediente mnemonico:
Ogni volta che ci tocchiamo, provo un grande senso di gratitudine per il fatto che il nostro rapporto si è sviluppato così bene e è riuscito così bene che non devo preoccuparmiche fallirerà ad un certo punto. E ogni volta che dico addio a un viaggio di lavoro da Sofia, devo sperimentare come la separazione mi lacera il cuore.

Jedes Mal, wenn wir uns *be*rühren *emp*finde ich eine große Dankbarkeit, dass unsere Beziehung sich so gut *ent*wickelt hat und so gut *ge*lungen ist und ich daher nicht fürchten muss, sie könnte noch irgendwann *miss*lingen. Und jedes Mal, wenn ich mich vor einer Geschäftsreise von Sofia *ver*abschiede, muss ich *er*fahren, wie mir die Trennung das Herz *zer*reißt.

F Il passivo / das Passiv

R Il passivo si forma con l'ausiliare **werden** e il *participio passato* del verbo. Si può indicare l'agente usando 'von'+ dativo.

E La valigia è fatta per me.
   Der Koffer **wird** von mir *gepackt*.

F L'imperativo / der Imperativ

Per formare la seconda persona Sg dell'imperativo si utilizza l'infinito togliendo la desinenza **-en**.

E fahren > fahr! portare / bringen > bring! dire

48

sagen > sag! chiedere / fragen > frag!

Nel caso il tema del verbo finisca in **-d, -t, -ig**, o **-n** dall'infinito viene tolta solo la **-n**:

Espediente mnemonico:

Scusi, deve aspettare fino a il negozio apre.

Entschuldigen Sie, Sie müssen warten, bis der Laden öffnet.

entschuldigen > entschuldige! Warten > warte! Caricare / laden > lade! Öffnen / öffne!

Per altre persone si forma l'imperativo con l'aiuto della coniugazione del verbo, per esempio: fahren / andare

coniugazione	imperativo
wir fahren	fahren wir!
ihr fahrt > (ihr) fahrt >	fahrt!
Sie fahren	fahren Sie!

R I verbi che hanno un cambiamento **e > i o ie** conservano questa vocale all' imperativo:

dare / geben: du gibst > gib!

leggere / lesen: du liest > lies!

Si può usare **l'infinito** come imperativo:

Fermare la porta! Die Tür **schließen**!

I verbi separabili

E partire / **los**fahren: Fahren Sie **los**!

R Il **prefisso separabile** viene posto alla **fine della proposizione**.

F La proposizione infinita

Se l'infinito è preceduto dalla preposizione 'zu' l'infinito occupa sempre l'ultimo posto nella proposizione.

E Siamo felici di fare un viaggio in Germania.

Wir freuen uns, eine Reise nach Deutschland **zu machen**.

Altre costruzioni infinitive sono:
um … zu (per), **ohne … zu** (senza che) e **statt … zu** (al posto di).

Ricordo gli esempi per dedurre le regole grammaticali da questi esempi senza sforzare la mia memoria invece di tenere a mente le regole grammaticali sforzando la memoria.
Ich merke mir die Beispiele, **um** aus diesen Beispielen die Grammatikregeln ab**zu**leiten (1), **ohne** mein Gedächtnis an**zu**strengen (1) **statt** die Grammatikregeln **zu** merken und dabei mein Gedächtnis anzustrengen.
(1) Se il verbo all'infinito è separabile, **zu** si inserisce tra il prefisso e il verbo.

L'infinito **non** è introdotto da **zu** dopo i verbi seguenti:
I verbi modali (vedere C 5) (**R 21**), i verbi di moto, i verbi sensoriali (vedere / sehen, ascoltare / hören) e alcuni altri verbi, per esempio lasciare / lassen, imparare / lernen.

Sofia mi dà un'ora al giorno per leggere. A quest'ora va alla scuola di musica per fare musica. Alla scuola di musica impara a suonale il piano. Ogni giorno la vedo e la ascolto suonare il piano.
Sofia **lässt** mich täglich eine Stunde *lesen*. In dieser Stunde **geht** sie in die Musikschule *musizieren*. In der Musikschule **lernt** sie *Klavier spielen*. Jeden Tag **sehe** und **höre** ich sie *spielen*.

50

La posizione del verbo

Karl K, Sara S

K Quando vieni? *Wann* **kommst** du? (1)

S Verrò dopodomani. Ich **komme** übermorgen. (2)

R Dopo un *pronome interrogativo* (1) (**R 22**) e nei proposizioni principali (2) (**R 20**) il **verbo occupa sempre il secondo posto.**

K Ha già comprato il biglietto aereo? **Hast** *du* das Flugticket schon gekauft?

R Nella domanda semplice (senza pronome interrogativo) il verbo coniugato va posto **all' inizio della proposizione**, seguito dal soggetto. (**R19**)

K **Telefona** dopodomani con me!
   Telefonier übermorgen mit mir!

R Nella proposizione imperativa il verbo è in **prima posizione.**

K Spero che abbia un buon volo. Ich hoffe, *dass* du einen guten Flug **hast**.

R Nelle proposizioni subordinate il verbo è in **posizione finale.** Le frasi subordonate cominciano con una *congiunzione* (per esempio che / *dass*, perché / *weil*, sebbene / *obwohl*, se / *ob*).

F Falsi amici

das **Magazin** / la rivista	il *magazzino* / das Lager
der **Mantel** / il cappotto	il *mantello* / der Umhang
die **Mappe** / la cartelina	la *mappa* / die Landkarte

L'abito da sposa / Das Hochzeitskleid

Un negozio di abbigliamento a Roma
Gina G, venditrice V

V (sorridendo / lächelnd) *La* posso aiutare?
Kann ich *Ihnen* helfen (kan ich ii-nen h'èl-fen)?

G Cerco un abito da sposa. **Ich suche** ein Hoch-zeitskleid (ich suuche ain h'och-tzaitsklaid).

V Che taglia? Welche Größe (vél-che gröö-sse)?

G La mia taglia è la quaranta. Meine Grösse ist vierzig (mai-ne gröö-sse ist fiir-tsigk).

V Può descrivermi l'abito che desidera? Können Sie das Kleid *beschreiben*, welches Sie wün-schen (kö-nen sii daas klaid be-shrai-ben vél-ches sii vün-shen)?

G Desidero un abito elegante e tradizionale. Ich wünsche ein elegantes und traditionelles Kleid (ich vün-she ain élé-gan-tes und traditsio-nèl-les klaid).

V Di che colore? Welche Farbe (vél-che far-be)?

G Vorrei qualcosa di bianco. Ich **möchte** etwas in weiss (ich möch-te ét-vas in vaiss).

V Questo è elegante, non è vero? Dieses hier ist elegant, nicht wahr (die-ses h'iir ist élé-gant nicht vaar)?

G Sì, posso provarlo? Ja, kann ich es anprobie-ren (iaa kan ich és an-probiiren)?

V Volentieri. Sehr gern (sèèr ghèrn). Ecco la cabina di prova. Hier ist die Ankleidekabine (h'iir ist dii an-klai-dekabiine).

G (*sta davanti allo specchio e guarda felice la sua immagine riflessa / steht vor dem Spiegel und betrachtet glücklich ihr Spiegelbild*) Che

52

bell'abito da sposa. Was für ein schönes Hochzeitskleid (vaas für ain <u>shöö</u>-nes <u>h'och</u>-tsaitsklaid). È un sogno. Es ist ein Traum (és ist ain traum). Quanto costa? Wie viel **kostet** es (vii fiil <u>kos</u>-tet és)?

V   Due mila Euro. Zweitausend Euro (<u>tsvai</u>-<u>tau</u>-send <u>oi</u>-roo).

G   Resta un bel sogno perché non voglio spendere più di mille Euro. Es bleibt ein schöner Traum, weil ich nicht mehr als tausend Euro ausgeben möchte   (és blaibt ain <u>shöö</u>-ner traum vail ich nicht méér als <u>tau</u>-send <u>oi</u>-roo <u>aus</u>-ghèèben möchte).

V   Un momento, per favore. Einen Momen, bitte (<u>ai</u>-nen mo-<u>ment</u> <u>bi</u>-té). Telefonerò al caporeparto. **Ich werde** mit dem Abteilungsleiter **telefonieren** (ich vèrde mit déém ab-<u>tai</u>-lungs-laiter téléfo-<u>nii</u>-ren).
Dopo la telefonata. Nach dem Telefongespräch.
Può comprare l'abito per mille cinque cento Euro. Sie können das Kleid für eintausendfünfhundert Euro kaufen (sii <u>kö</u>-nen daas klaid füür <u>ain</u>-<u>tau</u>-sendfünf-h'un-dèrt <u>oi</u>-roo <u>kau</u>-fen).

G   Allora lo compro. Dann kaufe ich es.
(dan <u>kau</u>-fe ich és).
D19: kann ich regola della posizione del verbo? **R19:** C6 **D20: Ich suche** regola della posizione del verbo? **R20:** C6 **D21: beschreiben** perché senza 'zu'? **R21:** C6 **D22: kostet** regola della posizione del verbo? **R22:** C6

F   **D23: möchte** coniugazione del verbo? **R23:** C5 **D24: ich werde … telefonieren** regola? **R24:** C5

53

F Locuzioni importanti

qual è / welche/r/s il prefisso / welche **Vorwahl** (<u>vél</u>-che <u>foor</u>-vaal), il numero di telefono / welche **Telefonnummer** (<u>vél</u>-che télé-<u>foon</u>-numer), la tariffa / welche **Gebühr** (<u>vél</u>-che ghé-<u>büür</u>), il voltaggio / welche **Stromspannung** (<u>vél</u>-che stroom-<u>shpan</u>ungk). Quali sono le previsioni meteorologiche / welche **Wettervorhersage** gibt es (<u>vél</u>-che <u>vè</u>-tèrfoor-h'èèr-saaghé ghibt és)? Qual è il giorno del mercato / an welchem Tag ist **Markt** (an <u>vél</u>-chem taag ist markt)?
Da quando / seit wann sei qui / bist du hier (hiir)?

Verbi importanti

			ausiliare +
l'infinito	3. pers. Sg	preterito	part. pass.
gehen / andare	geht	ging	ist gegangen
kommen / venire	kommt	kam	ist gekommen
können / potere	kann	konnte	hat gekonnt
müssen / dovere	muss	musste	hat gemusst
wollen / volere	will	wollte	hat gewollt
wissen / sapere	weiß	wusste	hat gewusst
machen / fare	macht	machte	hat gemacht

Vi prego di imparare le parole da <u>nazionalità</u> a <u>persona</u>.

Settimo capitolo

Die Personalpronomen / I pronomi personali

E Sofia è un'italiana. **Lei** ama la moda.
Sofia ist eine Italienerin. **Sie** liebt die Mode.

R I pronomi personali **sostituiscono un nome** nella frase evitando la ripetizione del nome. Il pronome deve avere lo stesso genere del nome sostituito.

Tabella 10 A: <u>Declinazione all'accusativo</u>

E Mi informo / ich informiere mich.

soggetto	verbo	pronome riflessivo	pronome **accusativo**
ich	informiere	mich	mich
du (duu)	informierst	dich	dich
er (èèr)	informiert	sich	**ihn** iin
sie (sii)	informiert	sich	**sie**
es (ées)	informiert	sich	**es**
wir (viir)	informieren	uns	uns
ihr (iir)	informiert	euch oich	euch
sie (sii)	informieren	sich	**sie**

Il pronome **Sie** con la S maiuscola è la forma di cortesia verso persone adulte in situazioni formali. Sie può essere rivolta a una o più persone.

E La / Vi saluto / ich begrüsse **Sie** (Sg e Pl).

<u>Declinazione all'accusativo</u>: Modificare la declinazione del pronome riflessivo come segue: Sostituire 'sich' (Sg) per **ihn** (m), **sie** (f), **es** (n) e 'sich' (Pl) per **sie**.

Se il verbo riflessivo richiede un altro complemento oggetto all'accusativo il pronome riflessivo cambia:
mich > **mir** (miir) dich > **dir** (diir).

Tabella 10 B: <u>Declinazione al dativo</u>

E   Mi lavo le mani. Ich wasche **mir** die Hände.

soggetto	verbo	pronome riflessivo	pronome dativo
ich	wasche	**mir**	mir
du	wäscht	**dir**	dir
er	wäscht	sich	**ihm** iim
sie	wäscht	sich	**ihr**
es	wäscht	sich	**ihm**
wir	waschen	uns	uns
ihr	wascht	euch	euch
sie	waschen	sich	**ihnen** iinen

Ihnen: come 'Sie' una forma di cortesia.
E   Le scrivo / scrivo Loro / ich schreibe **Ihnen**
(Sg e Pl).

<u>Declinazione al dativo</u>: Modificare la declinazio-
ne del pronome riflessivo come segue: Sostituire
'sich' (Sg) per **ihm** (m, n), **ihr** (f) e 'sich' (Pl) per
ihnen.

E Sofia mi da il libro. Sofia gibt **mir** das Buch.
R Se uno dei due complimenti è rappresentato
   da un pronome e l'altro da un sostantivo, il
   pronome ha sempre la precedenza.
E Sofia me lo da. Sofia gibt **es** mir.
R Se la proposizione ha due pronomi, il pronome all'accusativo ha la precedenza. (**R 34**)

56

La negazione

Si forma la negazione come segue:
1. Con la parola **nein** (no).
E Lei parla tedesco? No. Sprechen Sie Deutsch? **Nein**.

2. Con l'avverbio **nicht** (no / non). (**R 33**)
E Non parlo italiano. Ich spreche **nicht** Italienisch.

R A differenza dell'italiano la negazione 'nicht' segue il verbo coniugato.

Non vedo **più** R. Ich sehe R **nicht mehr. Non** vedo **mai** R. Ich sehe R. **nie.** Non vedo **né** R. **né** S. Ich sehe **weder** R. **noch** S. **Non** vedo **nessuno.** Ich sehe **niemand. Non** vedo **niente.** Ich sehe **nichts.**

Per la negazione ,nessuno/a' si usa **kein** (m, n) **keine** (f) davanti al sostantivo, per esempio: Nessuna donna è più bella di Sofia. **Keine** Frau ist schöner als Sofia.

R Si declina kein (m) keine (f) kein (n) come segue:

k + declinazione di ein (m), eine (f) ein (n) (> **tabella 2**, C2).

F Falsi amici

spendieren / offrire	*spendere* / ausgeben
die **Spesen** / le spese	la *spesa* / der Einkauf
das **Stipendium** / la borsa di studio	lo *stipendio* / das Gehalt
die **Tapete** / la tappezzeria	il *tappeto* / der Teppich

Il viaggio di nozze / Die Hochzeitsreise

Luogo: L'aeroporto di Roma-Ciampino
Gina G, Tino T, un impiegato I

T A che ora parte il volo charter per Parigi? Um wie viel Uhr startet der **Charterflug** nach Paris (um vii fiil uur <u>shtar</u>-tet dèèr <u>tshart</u>èrfluugk nach pa-<u>ris</u>)?

I Avete ancora un po' di tempo. Sie haben noch ein wenig Zeit (sii h'<u>aa</u>-ben noch ain <u>véé</u>-nigk tsait). La partenza è fra un'ora. Der Start ist in einer Stunde (dèèr shtart ist in <u>ai</u>-ner <u>shtun</u>de).

G A che ora arriva l'aereo? Um wie viel Uhr **kommt** das Flugzeug **an** (um vii fiil uur komt daas <u>fluug</u>-tsoigk an)?

I Se l'aereo parte in orario, l'arrivo è alle undici. Wenn das Flugzeug pünktlich startet, ist die Ankunft um elf Uhr (vén daas <u>fluug</u>tsoigk <u>pünkt</u>-lich <u>shtar</u>-tet ist dii <u>an</u>-kunft um elf uur). È la prima *volta* che andate a Parigi? Fahren Sie zum ersten *Mal* nach Paris (<u>faa</u>ren sii tsum <u>éérs</u>-ten maal nach pa-<u>ris</u>)?

G Sì, è il nostro viaggio di nozze. Ja, das ist unsere Hochzeitsreise (iaa daas ist <u>un</u>-sère h'<u>och</u>-tsaitsraise).

I Felicitazioni agli sposi. Glückwünsche zur Hochzeit (<u>gklük</u>-vünshe tsuur h'<u>och</u>-tsait). Avete trovato un buon albergo? **Haben** Sie ein gutes Hotel gefunden (h'<u>aa</u>-ben sii ain <u>guu</u>-tes h'o-<u>tèl</u> ghé-<u>fun</u>-den)?

T Sì, vicino alla cattedrale *Notre – Dame* nel *Quartier Latin.* Ja, bei der Kathedrale *Notre-Dame im Quartier Latin* (iaa bai dèèr katé-<u>draa</u>-le).

58

I *Sono vissuto* in questo quartiere dal 1988 al 1996. *Ich habe* in diesem Viertel von 1988 bis 1996 *gelebt* (ich h‘aa-be in dii-sem fiir-tel fon nointséénh'undertachtundachttsigk bis nointséénh‘undertséksundnointsigk ghé-lèbt). Ogni volta che penso a Parigi, sento una grande nostalgia di quella città meravigliosa. Jedes Mal, wenn ich an Paris denke, fühle ich ein großes Heimweh nach dieser wunderbaren Stadt (iéé-des maal vén ich an pa-ris dénke füü-le ich ain groo-sses h‘aim-véé nach dii-sèr vun-derbaaren shtat).

G Che cosa le è piaciuta più di tutto a Parigi? Was hat Ihnen in Paris **am meisten** gefallen (vaas h‘at ii-nen in pa-ris am mai-sten ghé-fal-en)?

I È una domanda difficile. Das ist eine schwierige Frage (daas ist ai-ne shvii-righe fraaghe). Forse la vista sulla *Seine* sotto i ponti di Parigi oppure la vista dal mio appartamento sul cielo azzurro sopra i tetti di Parigi. Vielleicht der Blick auf die *Seine* unter **den** Brücken von Paris oder die Aussicht von meiner Wohnung auf den **blauen** Himmel über den Dächern von Paris (filaicht dèèr blik auf dii sèèn un-tèr déén brü-ken fon pa-ris oo-dèr dii aussicht fon mai-nèr voo-nungk auf déén blau-en h‘i-mel üü-bèr déén dè-chern fon pa-ris). Forse quella sera sulla piazza *Concorde*, quando il sole rosso tramontava dietro alla *torre Eiffel*. Vielleicht jener Abend auf dem *Concorde Platz*, als die rote Sonne hinter dem *Eiffelturm* unterging (fi-laicht iee-ner aa-bend auf déém *Concorde* plats als dii roo-te so-ne h‘inter déém ai-felturm un-tèrghingk). Forse

59

quella notte, quando ho guardato il mare di luce della città dal ristorante più alto della *torre Eiffel*. Vielleicht jene Nacht, als ich das Lichtermeer der Stadt **vom** höchsten Restaurant des *Eiffelturms* betrachtet habe (fi-<u>laicht</u> <u>iee</u>-ne nacht als ich daas <u>lich</u>-tèrméér dèèr shtat fom <u>h'ök</u>-sten restoo<u>rannt</u> dés <u>ai</u>-felturms bé-<u>trach</u>-tet <u>h'aa</u>-be). Forse la bellezza seducente delle ballerine del *Lido* e del *Moulin Rouge*. Vielleicht die verführerische Schönheit der Tänzerinnen des *Lido* und des *Moulin Rouge* (fi-<u>laicht</u> dii fèr-<u>füü</u>-rèrishe <u>shöön</u>-h'ait dèèr <u>tèn</u>-tserinen dés Lido und dés Moulin Rouge). Forse quella mattina, quando ho visto davanti alla chiesa *Sacré-Coeur* dopo una notte in bianco il sorgere del sole roseo. Vielleicht jener Morgen, als ich vor der Kirche *Sacré-Coeur* nach **einer** schlaflosen Nacht den Aufgang der rosigen Sonne gesehen habe (fi-<u>laicht</u> <u>iee</u>-ner <u>mor</u>-ghen als ich foor dèèr <u>kir</u>-che Sacré-Cœur nach <u>ai</u>-ner <u>shlaaf</u>-loosen nacht déén <u>auf</u>-gangk dèèr <u>roo</u>-sighen <u>so</u>-ne ghé-<u>sèè</u>-h'en <u>h'aa</u>-be). Che cosa mi è piaciuta più di tutto? Was hat mir am meisten gefallen (vaas h'at miir am <u>mai</u>-sten gefallen)? Non lo so. Ich weiß es **nicht** (ich vaiss és nicht). So tuttavia che sarete molto felici entrambi durante questo viaggio di nozze perche Parigi è la città perfetta per amarsi e perciò il luogo ideale per un viaggio di nozze. Ich weiß jedoch, dass Sie beide während dieser Reise sehr glücklich sein werden, weil Paris die perfekte Stadt ist, um sich zu lieben und deshalb der ideale Ort für eine Hochzeitsreise (ich vaiss iee<u>doch</u> das sii <u>bai</u>de <u>vèè</u>-rend

dii-sèr rai-se sèèr gklük-lich sain ver-den vail
pa-ris dii pèrfèkte shtat ist um sich tsu lii-ben
und dés-h'alb dèèr idé-a-le ort füür ai-ne
h'och-tsaitsraise).

T   Abbiamo bisogno delle carte d'imbarco. Wir
    brauchen die Bordkarten (viir brau-chen dii
    bord-karten).

I   Vi le do. Ich gebe **sie Ihnen** (ich ghèè-be sii
    ii-nen). Grüßen Sie Paris von mir (grüü-ssen
    sii pa-ris fon miir).

D25: Charterflug che sostantivo? **R25**: C3
D26: kommt an perché ankommen è
separabile? **R26**: C6 **D27: haben** participio
passato con 'haben': regola? **R27**: C6 **D28:
am meisten** comparativo? **R28**: C4 **D29: den**
caso? **R29**:C2 **D30: blauen** regola? **R30**: C4
D31: vom che contrazione? **R31**: C2 **D32:
einer** regola della declinazione dell'articolo
indeterminativo? **R32**: C2 **D33: nicht**
espressione della negazione? **R33**: C7 **D34:
sie Ihnen** regola? **R34**: C7

**Vi prego di imparare le parole da pesce a
ristorante.**

61

Ottavo capitolo

L'aggettivo possessivo

L'aggettivo possessivo indica l'appartenenza di un sostantivo a una cosa o a una persona e concorda con il sostantivo cui si riferisce, in genere, numero e caso.

L'aggettivo possessivo non è mai preceduto dall'articolo.

m	f	n	Pl
mein	*meine*	**mein**	*meine*(m, n, f)
il mio	la mia	il/la mio/a	i miei / le mie
dein	*deine*	**dein**	*deine*
il tuo	la tua	il/la tuo/a	i tuoi / le tue
proprietario (m)			
sein	*seine*	**sein**	*seine*
il suo	la sua	il/ la suo/a	i suoi/ le sue
proprietaria (f)			
ihr	*ihre*	**ihr**	*ihre*
il suo	la sua	il/ la suo/a	i suoi / le sue
proprietario (n)			
sein	*seine*	**sein**	*seine*
il suo	la sua	il/la suo/a	i suoi/le sue
Ihr	*Ihre*	**Ihr**	*Ihre*
il suo	la sua	il/la suo/a	i suoi / le sue
unser	*unsere*	**unser**	*unsere*
il nostro	la nostra	il/la nostro/a	i nostri/le nostre
euer	*eure*	**euer**	*eure*(1)
il vostro	la vostra	il/la vostro/a	i vostri/le vostre
ihr	*ihre*	**ihr**	*ihre*
il loro	la loro	il/la loro	i/le loro

E Ecco il mio amico / hier ist **mein** Freund.
Ecco la mia amica / hier ist *meine* Freundin.
Ecco la mia casa / hier ist **mein** Haus. Ecco i miei figli / hier sind *meine* Söhne. Ecco le mie case/ hier sind *meine* Häuser. Ecco le mie figlie / hier sind *meine* Töchter.

R Gli aggettivi possessivi sono uguali al genere **maschile** e **neutro** e anche al genere *femminile* e al *plurale*. **(R 35)**

R L'aggettivo possessivo ‚euer' perde la lettera ‚e' nel mezzo, quando si aggiunge una **desinenza**.

E euer Vater, euere > eure Mutter, euere > eure Brüder

R In tedesco il **sesso del proprietario determina la forma dell'aggettivo.**

E Karl hat **sein** Auto geparkt. Karl ha parcheggiato la sua macchina.
Sara hat **ihr** Auto geparkt. Sara ha parcheggiato la sua macchina.

La declinazione dell'aggettivo possessivo

Tabella 11: Declinazione dell'aggettivo possessivo

N	A	D	G
m	**mein**	mein ...	mein ...	mein ...
f	**meine**	*meine*	mein ...	mein ...
n	**mein**	*mein*	mein ...	mein ...
pl	**meine**	*meine*	mein ...	mein ...

63

Espediente mnemonico:

Mio padre pensa: guardando lo specchio mia moglie vede mia moglie, mio bambino vede mio bambino, i miei genitori vedono i miei genitori.
Mein Vater denkt: den Spiegel betrachtend sieht *meine* Frau *meine* Frau, sieht *mein* Kind *mein* Kind, sehen *meine* Eltern *meine* Eltern.

Completa la tabella 11 secondo la seguente regola:

R   Come la declinazione dell'articolo indeterminativo (C2) la declinazione dell'aggettivopossessivo si forma **con le due ultime lettere dell'articolo determinativo.**

Regola: l'aggettivo possessivo + **le due ultime lettere dell'articolo determinativo. (R 37) Vedi tabella 15, C 10** numero 2.

F Locuzioni importanti

c'è / gibt es (ghibt és) dei grandi magazzini qui vicino / in der Nähe ein **Kaufhaus** (in dèèr nèè-h'é ain kauf-h'aus), un parcheggio / einen **Parkplatz** (ai-nen park-plats), qualcuno che / jemand der (iéé-mand dèèr), una visita guidata / eine **Führung** (ai-ne füü-rungk), una riduzione per / einen **Preisnachlass** für (ai-nen prais-nachlas füür), una coincidenza per / einen **Anschluss** nach (ai-nen an-shlus nach), un ostello della giuventù / eine **Jugendherberge** (ai-ne iuughend-h'éérbèr-ghé)?

64

F Il pronome possessivo

m	f	n	pl
meiner	*meine*	meines	*meine* (m / n / f)
il mio	la mia	il/la mio/a	i miei/le me
deiner	*deine*	deines	*deine*
il tuo	la tua	il/la tuo/a	i tuoi/le tue
m:seiner	*seine*	seines	*seine*
il suo	la sua	il/la suo/a	i suoi/le sue
f: ihrer	*ihre*	ihres	*ihre*
il suo	la sua	il/la suo/a	i suoi / le sue
n: seiner	*seine*	seines	*seine*
il suo	la sua	il/la suo/a	i suoi/le se
unserer	*unsere*	unseres	*unsere*
il nostro	la nostra	il/la nostro/a	i nostri/le nostre
eurer	*eure*	eures	*eure*
il vosto	la vostra	il/la vostro/a	li vostri/le vostre
ih-er	*ihre*	ihres	*ihre*
il loro	la loro	il/la loro	i/le loro

A: Ecco la mia amica. Hier ist *meine* Freundin.

B: Ecco la mia. Hier ist *meine*.

A: Ecco i miei fratelli, i miei bambini, le mie sorelle. Hier sind *meine* Brüder, *meine* Kinder, *meine* Schwestern.

B: Ecco i miei / le mie. Hier sind *meine*.

R In genere femminile e al plurale (m / n / f) gli aggettivi possessivi e i pronomi possessivi sono *uguali*.

A: Ecco il mio amoco. Hier ist mein Freund.

B: Ecco il mio. Hier ist mein**er**.

R L'aggettivo possessivo maschile + **er** > il pronome possessivo maschile, per esempio: mein + **er** > mein**er**

65

A: Ecco il mio libro. Hier ist mein Buch.
B: Ecco il mio. Hier ist mein**es**.
R L'aggettivo possessivo neutro + **-es** > il pronome possessivo neutro, per esempio: mein + **es** > mein**es**.

Per favore scrivi le declinazoni di meine**r** (m), meine (f), meine**s** (n), meine (Pl) secondo la seguente regola:
R La declinazione dei pronomi possessivi è formata come segue:
meine + **l'ultima lettera dell'articolo determinativo** (meinee > meine).
Vedi tabella 15, C 10, numero 3.

Il pronome interrogativo

In tedesco i pronomi interrogativi 'che' e 'quale', sono tradotti con welche**r** (m), welche (f) welche**s** (n), welche (Pl).

Tabella 12: <u>Declinazione del pronome welche/r/s</u>

	N	A	D	G
m	welche**r**	welche ..	welche ..	welche ..
f	welche	welch ..	welche ..	welche..
n	welche**s**	welche ..	welche ..	welche ..
pl	welche	welch ..	welche ..	welche ..

Completa la tabella 12 secondo la seguente regola:
R La declinazione del pronome interrogativo si forma con l'ultima lettera dell'articolo determinativo.
welche + **l'ultima lettera dell'articolo determinativo**. (welchee > welche) (**R42**)
Vedi tabella 15, C 10, numero 4.
R Si usa il pronome interrogativo anche come

pronome relativo:

E Il ragazzo che vede una bella ragazza. Der
Junge, **welcher** ein schönes Mädchen sieht.

I pronomi dimostrativi

I pronomi dimostrativi questo, questa, questi,
queste sono tradotti con dieser (m), diese (f),
dieses (n), diese (Pl).
Quello, quella, quelli, quelle sono tradotti con
jener (m) jene (f), jenes (n), jene (Pl).

Tabella 13: <u>Declinazione dei pronomi
dimostrativi</u>

	N	A	D	G
m	dieser	diese ...	diese ...	diese ...
f	diese	diese ...	diese ...	diese ...
n	dieses	diese ...	diese ...	diese ...
pl	diese	diese ...	diese ...	diese ...

**Completa la tabella 13 secondo la seguente re-
gola:**
 R diese / jene + **l'ultima lettera dell'articolo
    determinativo.** (ee > e) (**R 36**)
    Vedi tabella 15, C10, numero 5.

R Si possono usare gli articoli **der, die, das**
   come pronomi dimostrativi. (**R 40**)
E Questo è un vino che viene dalla Toscana:
   questo è molto buono. Das ist ein Wein, der
   aus der Toscana kommt; **der** ist sehr gut.

F I pronomi relativi

Tabella 14: <u>Declinazione dei pronomi relativi</u>

	N	A	D	G
m	der	....	....	.... - ...
f	die	....	....	.... - ...
n	das	....	....	.... - ...
pl	die	....	.... - ...	.... - ...

Completa la tabella 14 secondo la seguente regola:
R   Si declina il pronome relativo come l'articolo determinativo. (**R38**)
   Vedi tabella 15, C 10, numero 6.
Eccezioni: desinenza **-sen** (nel genitivo maschile e neutro), desinenza **-en** (nel genitivo femminile e plurale e nel dativo plurale).

<u>Espediente mnemonico</u>:

Incontro il signore Celli che conosco e la cui amica e il cui amico e i cui fratelli e i cui amici con cui facciamo una festa.
Ich treffe Herr Celli, den ich kenne und des-**sen** Freundin und de-**ren** Freund und des-**sen** Brüder und de-**ren** Freunde, mit den-**en** wir ein Fest feiern.

F I pronomi interrogativi 'wer'/ chi e 'was' /che

	N	A	D	G
m	der / *wer*	den /	dem /	dessen / ....
n	das / *was*	das /		

Completa i pronomi interrogativi secondo la

seguente regola:
R Si declinano i pronomi interrogativi 'wer' e
'was' come i pronomi relativi sostituendo al
genere m e al genere n d per w.

(R 43)

Si usano i pronomi interrogativi ‚wer' e ‚was'
anche come *pronomi relativi*, per esempio:
Questo è quello che sto cercando. Das ist das,
was ich suche.

F La frequenza / die Häufigkeit

mai	niemals (<u>nii</u>-mals)
talvolta	manchmal (<u>manch</u>-maal)
spesso	oft (oft)
per lo più	meistens (<u>mai</u>-sténs)
sempre	immer (<u>i</u>-mer)

F Locuzioni importanti

può / können Sie mir (<u>kö</u>-nen sii miir) ... spie-
garmi / **erklären** (èr-<u>klèè</u>-ren), far venirmi / **bestellen** (bé-<u>sté</u>-len), raccommandarmi / **empfehlen** (em-<u>pfèè</u>-len), procurarmi / **besorgen** (bé<u>sor</u>-
ghen), mostrarmi / **zeigen** (<u>tsai</u>-ghen), aiutarmi /
helfen (<u>h'èl</u>-fen), darmi / **geben** (<u>ghèè</u>-ben), por-
tarmi / **bringen** (<u>brin</u>-ghen), noleggiarmi / **aus-
leihen** (<u>aus</u>-laien), chiamar un taxi / **ein Taxi
rufen** (ain taxi <u>ruu</u>- fen)?

Arrivo all'albergo / Ankunft im Hotel

Luogo: un albergo a Monaco
Tino T, Gina G, la figlia Nora N, Portiere P

T Buona sera, il mio nome è Tino Baci. Guten
Abend, **mein** Name ist Tino Baci (g<u>uu</u>-ten
<u>aa</u>-bend main <u>naa</u>-me ist).

P Piacere. Sehr erfreut (sèèr èr-<u>froit</u>).

T Abbiamo bisogno di una camera doppia e una
camera singola per nostra figlia. Wir benöti-
gen ein Doppelzimmer und ein Einzelzimmer
für **unsere** Tochter (viir be-<u>nöö</u>-tighen ain <u>do</u>-
peltsimer und ain <u>ain</u>-tsel-tsimer füür <u>un</u>-sere
<u>toch</u>-ter).

P Quanto vi fermate? Wie lange bleiben Sie (vii
<u>lan</u>-ghe <u>blai</u>-ben sii)?

T Una settimana. Eine Woche (<u>ai</u>-ne <u>vo</u>-che).

P Avete fortuna. Sie haben Glück (sii <u>h'aa</u>-ben
gklük). Benché siamo in alta stagione, ci sono
ancora alcune camere libere. Obwohl wir uns
in der Hauptsaison befinden, gibt es noch einige freie Zimmer (ob-<u>vool</u> viir uns in dèèr
<u>h'aupt</u>-sèsoo be-<u>fin</u>-den ghibt es noch <u>ai</u>-ni-
ghe <u>frai</u>-e <u>tsi</u>-mer). Ci sono due camere con
bagno, balcone e vista sulle montagne. Es gibt
zwei Zimmer mit Bad, Balkon und Sicht auf
die Berge (es ghibt tsvai <u>tsi</u>-mer mit baad bal-
<u>koon</u> und sicht auf dii <u>bèr</u>-ghe).

G Quanto costano il pernottamento e la colazione, la mezza pensione e la pensione completa? Wie viel kosten eine Übernachtung mit
Frühstück, Halbpension und Vollpension (vii
viil <u>kos</u>-ten <u>ai</u>-ne übèr-<u>nach</u>-tungk mit <u>früü</u>-
shtük <u>h'alb</u>-pension und <u>fol</u>-pension)?

70

P Ecco la lista dei prezzi. Hier ist die Preisliste (hiir ist dii <u>prais</u>-liste).

G È troppo caro. Das ist zu teuer (daas ist tsu <u>toi</u>-er). Ha qualcosa più economica? Haben Sie etwas Billigeres (<u>h'aa</u>-ben sii étvas <u>bili</u>-ghères)?

P Abbiamo due camera con doccia. Wir haben zwei Zimmer mit Dusche (viir <u>h'aa</u>-ben tsvai <u>tsi</u>-mer mit <u>du</u>-shé).

G Potremmo vederle? **Könnten** wir sie sehen? (<u>kön</u>-ten viir sii <u>sè</u>-h'en)?

P Volentieri. Sehr gern (sèèr ghèrn). Le camere sono al terzo piano. Die Zimmer sind im dritten Stock (dii <u>tsi</u>-mer sind im <u>dri</u>-ten shtok). Ecco l'ascensore. Hier ist der Aufzug (hiir ist dèèr <u>auf</u>-tsuugk).
Dopo la visita. Nach der Besichtigung.

G Va bene, prendiamo le camere. Gut, wir nehmen die Zimmer (guut viir <u>néé</u>-men dii <u>tsi</u>-mer).

P Per favore *compili* questo modulo d'iscrizione. *Füllen Sie* bitte **dieses** Anmeldeformular *aus* (<u>fü</u>-len sii <u>bi</u>-té <u>dii</u>-ses <u>an</u>-mèldeformulaar aus). Per favore *firmi* qui. Bitte *unterschreiben Sie* hier (<u>bi</u>-té unter-<u>shrai</u>-ben sii h'iir).

T C'è qualcuno che può portare *su* le nostre valige? Gibt es jemand, **der** die Koffer *hinauf* tragen kann (ghibt es <u>iéé</u>-mand dèèr dii <u>ko</u>-fèr h'i-<u>nauf</u>-traaghen kan)?

P Chiamo un cameriere. Ich rufe einen Kellner (ich <u>ruu</u>-fe <u>ai</u>-nen <u>kèl</u>-ner). Ecco tutte e due le chiavi. Hier sind die zwei Schlüssel (h'iir sind dii tsvai <u>shlü</u>-sel).

G A che ora si può fare colazione? Um wie viel Uhr kann man frühstücken (um <u>vii</u> fiil uur

71

kan man früü-stü-ken)?

P Fra le sette e le dieci. Zwischen sieben und zehn Uhr (tsvi-shen sii-ben und tséén uur). Il ristorante è in fondo al corridoio. Das Restaurant ist am Flurende (daas rè-stoo-rannt ist am fluur-én-de).

T Ci può svegliare alle otto? Können Sie uns um acht Uhr wecken (kön-en sii uns um acht uur vé-ken)?

P Volontieri. Sehr gern (sèèr ghèrn). Buone vacanze! Schöne Ferien (shöö-ne fé-rien)!
Dopo una settimana bellissima. Nach einer sehr schönen Woche.

T *Partiamo* oggi. *Wir reisen* heute *ab* (viir rai-sen h'oi-te ab). A che ora si deve uscire delle camere? Bis wann müssen wir die Zimmer verlassen (bis van mü-sen viir dii tsi-mer ver-la-sen)?

P Fino alle dieci. Bis um zehn Uhr (bis um tséén uur).

T Posso pagare il conto? Kann ich die Rechnung zahlen? (kan ich dii rèch-nungk tsaa-len)?

P Il conto è pronto. Die Rechnung ist fertig (dii rèch-nungk ist fèr-tigk).

T Arrivederci, era un soggiorno molto piacevole. Auf Wiedersehen, **das** war ein sehr angenehmer Aufenthalt (auf vii-dèrsèh'en daas waar ain sèèr an-ghénéémer auf-enth'alt).

G È stata una settimana meravigliosa. Es ist eine wunderbare Woche gewesen (és ist ai-ne vun-dèrbaare vo-che ghé-wèè-sen).

N Ciao era mega fantastico. Tschüß, es war mega fantastisch (tshüss és vaar méga fantas-tish).

72

P È stato un piacere conoscervi. Es war mir ein Vergnügen, Sie kennen zu lernen (és vaar miir ain fèr-gknüü-ghen sii ké-nen tsu lèr-nen). Spero che ci rivediamo l'anno prossimo. Ich hoffe, dass wir uns nächstes Jahr wieder sehen (ich h'o-fe das viir uns nèk-stes iaar vii-der sè-h'en). Buon ritorno. Gute Heimreise (guu-te h'aim-raise).

D35: **unsere** uguale con che altro aggettivo possessivo? **R35**: C8 **D36**: **dieses** regola della declinazione dei aggettivi dimostrativi? **R36**: C8 **D37**: **mein** Name: come si declina l'aggettivo possessivo ? **R37**: C8

F **D38**: **der** come si declinano i pronomi relativi? **R38**: C8 **D39**: **könnten** che esprime il Konjunktiv II? **R 39**: C5 **D40**: si usa **das** come che pronome? **R40**: C8

F Locuzioni importanti

c'è / es gibt (és ghibt) un errore nel conto / einen **Fehler** in der Rechnung (ai-nen fèè-ler in dèèr rèch-nungk).

chi / wer (vèèr) / è il guida turistica / ist **der Reiseführer / die Reiseführerin** (rai-sefüürèr/in), a chi posso rivolgermi / an wen kann ich mich wenden (an véén kan ich mich vén-den)?

Di chi / über wen, von wem è questa giacca / ist diese Jacke (fon véém ist dii-se ia-ke)? **Con chi / mit wem** esci / gehst du aus (ghéést du aus)?

Da chi / zu wem, bei wem sei stato / bei wem bist du gewesen (bai véém bist du ghé-vèè-sen)?

Vi prego di imparare le parole da ritardo a tazza.

Nono capitolo

F Lo spazio / der Raum

attraverso	**durch** (durch)
all'interno	**innerhalb** (i̲-nerh'alb)
fuori	**außerhalb** (a̲u̲-ssèrh'alb)
davanti	**vor** (foor)
dietro	**hinter** (h'i̲n-tèr)
accanto	**neben** (n̲è̲è̲-ben)
vicino	**in der Nähe** (in dèèr n̲è̲è̲-h'e)
di fronte	**gegenüber** (ghéghen-ü̲ü̲-bèr)

F L'arrivo / die Ankunft

Sono arrivato ...	**Ich bin angekommen ...**
sette giorni fa	vor sieben Tagen (foor si̲i̲-ben taa̲-ghen)
l'altro ieri	vorgestern (foo̲r-ghéstern)
ieri	gestern (ghé̲-stern)
oggi	heute (h'o̲i̲-te)
Sto arrivando.	Ich komme gerade an (ich ko̲-me ghé-ra̲a̲-de an).

F La partenza / die Abreise

Sto per partire. Ich werde gleich abreisen (ich vèrde glaich a̲b̲-raisen).

parto ...	**Ich reise ab ...**
subito	sofort (so-fo̲r̲t̲)
fra due ore	in zwei Stunden (in tsvai sh̲t̲u̲n̲-den)
stamattina	heute Vormittag (h'o̲i̲-te foo̲r-mitaag)
oggi pomeriggio	heute Nachmittag (h'o̲i̲-te na̲c̲h̲-mitaag)
stasera	heute Abend (h'o̲i̲-te a̲a̲-bend)
stanotte	heute Nacht (h'o̲i̲-te nacht)
domani	morgen (mo̲r̲-ghen)

74

Al ristorante / Im Restaurant

Luogo: Ristorante a Monaco
Gina G, Tino T, Nora N, cameriera C

T Mi chiamo Tino Bacci. Ich heiße Tino Bacci
(ich h'<u>ai</u>-sse). Ho riservato una tavola per tre
persone. Ich habe einen Tisch für drei Perso-
nen reserviert (ich <u>h'aa</u>-be <u>ai</u>-nen tish füür
drai pèr-<u>soo</u>-nen résèr<u>viirt</u>).

C Quel tavolo. Dieser Tisch (<u>dii</u>-sèr tish). Si
sieda prego. Bitte setzen Sie sich (<u>bi</u>-te <u>se</u>-
tsen sii sich). Ecco il menù e la lista delle be-
vande. Hier sind die Speisekarte und die Ge-
tränkekarte (hiir sind dii <u>spai</u>-sekarte und dii
ghé-<u>trèn</u>-kekarte).Vogliono un aperitivo? Wollen Sie einen Aperitif (<u>vol</u>-en sii <u>ai</u>-nen apéri-
<u>tif</u>)?

G Un bicchiere di spumante con succo d'arancia. Ein Glas Sekt mit Orangensaft (ain gklaas
sèkt mit o-<u>ran</u>- shensaft).

N Un aperitivo analcolico. Einen **alkoholfreien**
Aperitif (<u>ai</u>-nen alko-<u>h'ool</u>-fraien apéri-<u>tif</u>).

T Un bicchiere di champagne. Ein Glas Cham-
pagner (ain gklaas sham-<u>pan</u>-ièr).
Dopo l'aperitivo. Nach dem Aperitif.

C Che cosa desiderano da bere? Was wünschen
Sie zu trinken? (vaas <u>vün</u>-shen sii tsu <u>trin</u>-
ken)?

G Per me un bicchiere di vino bianco. Für mich
ein Glas Weißwein (füür mich ain gklaas
<u>vaiss</u>-vain).

N Per me un succo di frutta. Für mich einen
Fruchtsaft (<u>ai</u>-nen <u>frucht</u>-saft).

T Una birra alla spina. Ein Bier vom Fass (ain

75

biir fom fas).

C Quale antipasto desiderano? Welche Vorspei-
se wünschen Sie (<u>vél</u>-che <u>foor</u>-shpaise <u>vün</u>-
shen sii)?

T Melone e prosciutto. Melone und Schinken
(mé-<u>loo</u>-ne und <u>shin</u>-ken).

N Una zuppa di verdura. Eine Gemüsesuppe (<u>ai</u>-
ne ghé-<u>müü</u>-sesupe).

G Insalata di pasta. Nudelsalat (<u>nuu</u>-delsa<u>laat</u>).

C Quale piatto principale desiderano? **Was**
möchten Sie als Hauptgericht (vaas <u>möch</u>-ten
sii als h'aupt-ghé-richt)?

N Vorrei un piatto vegetariano. Ich möchte ein
vegetarisches Gericht (ich <u>möch</u>-te ain véghé-
<u>taa</u>-rishes ghé-<u>richt</u>). Quale piatto può racco-
mandarmi? **Welches** Gericht können Sie mir
empfehlen (<u>vél</u>-ches ghé-<u>richt</u> kö-nen sii miir
em-<u>pfèè</u>-len)?

C Patate con verdura. Kartoffeln mit Gemüse
(kar-<u>to</u>-feln mit ghé-<u>müü</u>-se).

T Per me arrosto di maiale con knödel. Für mich
Schweinebraten mit Knödel (füür mich <u>shvai</u>-
nebraaten mit <u>knöö</u>-del).

G Vorrei bistecca e insalata mista. Ich möchte
Steak und gemischten Salat (ich möchte stèèk
und ghé-<u>mish</u>-ten sa-<u>laat</u>).

C La bistecca al sangue, a puntino o ben cotta?
Das Steak blutig, halb gar oder durchgebraten
(daas stèèk <u>bluu</u>-tigk h'alb-gaar <u>o</u>-dèr durch-
ghébraaten)?

G A puntino. Halb gar (h'alb-gaar).

C Quale salsa per l'insalata? Welche Salatsoβe
(<u>vél</u>-che sa-<u>laat</u>-soosse)?

G Salsa italiana. Italienische Soße (itali-é-nishe
<u>soo</u>-sse).

76

*Dopo il piatto principale. Nach dem Haupt-
gericht.*

C Desiderano un dessert? Wünschen Sie ein
   Dessert (<u>vün</u>-shen sii ain de-<u>sèèr</u>)?

T Che gusti avete? Welche Eissorten haben Sie
   (<u>vél</u>-che <u>ais</u>-sorten h'<u>aa</u>-ben sii)?

N Vaniglia, lampone, fragola, noce e albicocca.
   Vanille, Himbeere, Erdbeere, Walnuss und
   Aprikose (va-<u>ni</u>-le h'<u>im</u>-béére <u>èrd</u>-béére <u>val</u>-
   nus und apri-<u>koo</u>-se).

T Un gelato misto con panna. Ein gemischtes
   Eis mit Sahne (ain ghé-<u>mish</u>-tes ais mit <u>saa</u>-
   ne).

G Che torte avete? Welche Kuchen haben Sie
   (<u>vel</u>-che <u>kuu</u>-chen h'<u>aa</u>-ben sii)?

C Dolce di frutta e torta di mele. Obstkuchen
   und Apfelkuchen (<u>obst</u>-kuuchen und <u>apfel</u>-
   kuuchen).

G Una torta di mele e un caffè. Einen Apfelkuchen und einen Kaffee (<u>ai</u>-nen <u>ap</u>-felkuu-
   chen und <u>ai</u>-nen <u>ka</u>-féé)

N Strudel con salsa alla vaniglia e un tè. Apfel-
   strudel mit Vanillesoße und einen Tee (<u>apfel</u>-
   <u>struu</u>del mit va-<u>ni</u>-le<u>soo</u>ssé und <u>ai</u>-nen téé).
   *Dopo il pranzo molto buono. Nach dem sehr
   guten Mittagessen.*

G Il pranzo è stato eccellente. Das Mittagessen
   war hervorragend (daas <u>mi</u>-taag-<u>ess</u>en vaar
   h'èr-<u>foor</u>-raa-<u>g</u>hend). Faccia i nostri complimenti allo chef. Richten Sie dem Koch unsere
   Komplimente aus (<u>rich</u>-ten sii déém koch <u>un</u>-
   sère kompli-<u>mén</u>-te aus.)

T Il conto, per favore. Die Rechnung bitte (dii
   <u>rèch</u>-nungk <u>bi</u>-te).Tenga pure il resto. Behal-
   ten Sie den Rest (bé-<u>h'al</u>-ten sii den rèst).

D41: einen **alkoholfreien**: regola della declinazione? **R41**: C4 **D42**: **welches** come si declinano gli aggettivi interrogativi? **R42**: C8
F D43: **was** come si declinano i pronomi interrogativi? **R43**: C8

F Locuzioni importanti

vorrei / ich möchte (ich <u>möch</u>-te) scendere / aussteigen (<u>aus</u>-shtaighen), pagare / zahlen (<u>tsaa</u>-len), portare via / mitnehmen (<u>mit</u>-néémen), denunziare un furto / einen Diebstahl anzeigen (<u>ai</u>-nen <u>diib</u>-staal <u>an</u>-tsaighen), depositare nella cassa forte / im Safe deponieren (im sééf dépo-<u>nii</u>-ren), fissare un appuntamento / einen Termin vereinbaren (<u>ai</u>-nen tèr-<u>min</u> fèr-<u>ain</u>-baaren) visitare / besichtigen (bé-<u>sich</u>-tighen).
<u>Vestito</u>: La mia taglia è / meine Grösse ist (<u>mai</u>-ne <u>gröö</u>-sse ist). <u>Scarpa</u>: Il mio numero è / meine Schuhgröße ist (<u>mai</u>-ne <u>shuu</u>-gröösse ist). Ho bisogno di / ich brauche (ich <u>brau</u>-che), non funziona / è rotto/a … funktioniert nicht / ist kaputt (funktsio-<u>niirt</u> nicht ist ka-<u>put</u>). Si può ripararlo? Kann man es reparieren (kan man és repa-<u>rii</u>-ren)? Quando è pronto / wann ist es fertig (van ist és <u>fèr</u>-tigk)? … è compreso nel prezzo? / ist … im Preis inbegriffen (ist im prais <u>in</u>-bégrifen)? La disturba se … stört es Sie, wenn … (shtöört és sii vénn)?

Vi prego di imparare le parole da <u>tè</u> a <u>zucche</u>-ro.

78

Decimo capitolo

Preposizioni

E Verso il tempo della campagna elettorale, il padre di Sofia viaggia per il paese senza perdere il coraggio, per tenere dei discorsi per il candidato A e contro il candidato B.

Um die Zeit des Wahlkampfes fährt der Vater von Sofia **durch** das Land (1), **ohne** den Mut zu verlieren um **für** den Kandidaten A und **gegen** den Kandidaten B Reden zu halten.

R **Preposizione + accusativo: um, durch, ohne für, gegen.**

R (1) Rispondendo alla domanda 'wohin?' (dove) alla preposizione segue il sostantivo declinato all'accusativo.

E Sofia viene in treno dalla Toscana. Ho comprato fiori da un fioraio e aspetto da un'ora sul marciapiede. Dopo il suo arrivo andiamo da alcuni amici per fare da loro una festa.

Sofia kommt **mit** dem Zug **aus** der Toscana. Ich habe Blumen **von** einem Blumenhändler gekauft und warte **seit** einer Stunde **auf** dem Bahnsteig. (2) **Nach** ihrer Ankunft gehen wir **zu** einigen Freunden, um **bei** ihnen ein Fest zu feiern.

R **Preposizione + dativo: mit, aus, von, seit, auf, nach, zu, bei.**

R (2) Rispondendo alla domanda 'wo?' (posizione in cui si trova qualcosa / qualcuno) il sostantivo dopo la preposizione è declinato al dativo.

E A causa della pila scarica, Sofia non è stata in

grado di informarmi durante il viaggio che, invece dell'orario, ci sarà uno sciopero e lei arriverà più tardi in seguito allo sciopero. Nonostante il ritardo, è stata una bella festa. **Wegen** des leeren Akkus konnte Sofia mich **während** der Reise nicht informieren, dass es **statt** des Fahrplans einen Streik gibt und sie **infolge** des Streikes später ankommen wird. **Trotz** der Verspätung war es ein schönes Fest.

R **Preposizione + genitivo: wegen, während, statt, infolge, trotz.**

Farsi capire

Lei parla italiano? Sprechen Sie italienisch (<u>shprè</u>-chen sii itali-é-nish)? Non capisco. Ich verstehe nicht (ich fèr-<u>shté</u>-h'e nicht). Può ripeterlo e parlare più lentamente? Können Sie es wiederholen und langsamer sprechen (<u>kön</u>-en sii és viidèr-<u>h'oo</u>-len und <u>lang</u>-samer <u>shprè</u>-chen)? Può sillabarlo? Können Sie es buchstabieren (<u>kön</u>-en sii és buchsta-<u>bii</u>-ren)? Può scriverlo? Können Sie es aufschreiben (<u>kön</u>-en sii és <u>auf</u>-shrai-ben)? Può tradurrlo? Können Sie es übersetzen (<u>kön</u>-en sii és übèr-<u>sé</u>-tsen)? Come si chiama questo in tedesco? Wie heißt das auf Deutsch (vii haisst daas auf doitsh)? Che significa … Was bedeutet … (vaas bé-<u>doi</u>-tet)? Lei ha capito? Haben Sie verstanden (h'<u>aa</u>- ben sii fèr-<u>stan</u>-den)?

F <u>Nei grandi magazzini</u>

Posso aiutarla? Kann ich Ihnen helfen (kan ich <u>ii</u>-nen <u>h'èl</u>-fen)*?* No, grazie, do solo un'occhiata.

80

Nein, danke, ich schaue mich nur um (nain <u>dan</u>-ke ich <u>shau</u>-e mich nuur um). Mi piace; *lo* prendc. Das gefällt mir; ich nehme *es* (daas ghé-<u>fèlt</u> miir ich <u>néé</u>-me és). Posso pagare con questa carta di credito? Kann ich mit dieser Kreditkarte bezahlen (kan ich mit <u>dii</u>-ser kré-<u>dit</u>-karte bé-<u>tsaa</u>-len)? Posso avere lo scontrino? Kann ich den Kassenzettel haben (kan ich déén <u>ka</u>-sentsètel h'<u>aa</u>ben)?

F <u>Dopo un incidente</u>

C'è stato un incidente. Es hat einen Unfall gegeben (és h'at <u>ai</u>-nen <u>un</u>-fal ghé-<u>ghèè</u>-ben). Chiami un'ambulanza e la polizia. Rufen Sie einen Krankenwagen und die Polizei (<u>ruu</u>-fen sii <u>ai</u>-nen <u>kran</u>-kenvaaghen und dii poli-<u>tsai</u>). Ho bisogno del suo nome, del suo indirizzo e del nome della sua assicurazione. Ich benötige Ihren Namen, Ihre Adresse und den Namen Ihrer Versicherung (ich be-<u>nöö</u>-tighe iiren <u>naa</u>-men <u>ii</u>-re a-<u>drè</u>-se und den naa-men iihrer fèr-<u>sich</u>- erungk).

F <u>Locuzioni importanti</u>

Che, cosa / was che c'è / was gibt (ghibt) es, che cos'è / was ist das, cosa c'è di nuovo / was gibt es Neues (<u>noi</u>-es), che lavoro fa / was machen Sie beruflich (bé-<u>ruuf</u>-lich)?
Dove / wo (voo), a luogo / findet statt (fin-det shtat), posso trovare / comprare / kann ich finden / kaufen (kan ich <u>fin</u>-den <u>kau</u>-fen), ci incontriamo / treffen wir uns (voo trè-fen viir uns), si comprano i biglietti / kauft man die Fahrscheine (<u>faar</u>-shaine)?

81

Tabella 15: **Derivazione delle declinazioni**

	N	A	D	G
m	(**der**)	den	dem	des
f	(**die**)	(die)	der	der
n	(**das**)	(das)	dem	des
Pl	(**die**)	(die)	den	der

A **Derivazione delle declinazioni senza gli articoli tra parentesi.**

1 L'articolo indeterminativo ein (m), eine (f)
ein (n) + **le due ultime lettere dell'articolo determinativo.**

2 Gli aggetivi possessivi, per esempio
mein (m), meine (f), mein (n), meine (Pl):
mein + **le due ultime lettere dell'articolo determinativo.**

B **Derivazione delle declinazioni con gli articoli tra parentesi.**

3 Declinazione dei pronomi possesivi (per esempio meiner, meine, meines, meine):
meine + **l' ultima lettera dell' articulo determinativo** (meinee > meine).

4 Il pronome interrogativo:
welche + **l'ultima lettera dell'articolo determinativo** (welchee > welche).

5 Il pronome dimostrativo:
diese / jene + **l'ultima lettera dell'articolo determinativo** (diesee > diese, jenee> jene).

6 Il pronome relativo: come l'articolo determinativo.
Eccezioni: desinenza -**sen** (G m n), desinenza -**en** (G f, G Pl, D Pl).

7   Declinazione dei pronomi einer (m), eine (f),
    eines (n)
    keiner (m), keine (f), keines (n), keine (Pl):
    eine / keine + **l'ultima lettera dell'articolo
    determinativo** (einee > eine, keinee > keine).

F <u>Quando si è malati ... wenn man krank ist</u>

C'è una farmacia / un dottore qui vicino? Gibt es
in der Nähe eine Apotheke / einen Arzt (ghibt és
in dèèr <u>nèè</u>-h'é <u>ai</u>-ne apo-<u>téé</u>-ke <u>ai</u>-nen artst)?

Sono ...	Ich bin ...
allergico a	allergisch gegen
	(a-<u>lèr</u>-ghish <u>ghéé</u>-ghen)
vaccinato contro	geimpft gegen
	(ghé-<u>impft</u> <u>ghéé</u>-ghen)
caduto	gestürzt (ghé-<u>shtürtst</u>)
incinta di .. mesi	im .. Monat schwanger
	(<u>moo</u>-nat <u>shvan</u>-gher)
diabetico/a	Diabetiker (dia-<u>béé</u>-tiker/in)

Ho ...	Ich habe ...
il mal di testa	Kopfschmerzen
	(<u>kopf</u>-shmèrtsen)
il mal d'orecchie	Ohrenschmerzen
	(<u>oo</u>-renshmèrtsen)
il mal di gola	Halsschmerzen
	(<u>h'als</u>-shmèrtsen)
il mal di schiena	Rückenschmerzen
	(<u>rü</u>kenshmèrtsen)
il mal di stomaco	Magenschmerzen
	(<u>maa</u>-ghenshmèrtsen)

83

il mal di pancia	Bauchschmerzen (<u>bauch</u>-shmèrtsen)
un raffredore	eine Erkältung (<u>ai</u>-ne èr-<u>kèl</u>-tungk)
la febbre	Fieber (<u>fii</u>-ber)
la tosse	Husten (<u>h'uus</u>-ten)

un' indigestione eine Verdauungsstörung (<u>ai</u>-ne fèr-<u>dau</u>-ungs-shtöörungk)

la diarrea	Durchfall (<u>durch</u>-fal)
vomitato	mich übergeben (mich übèr-<u>ghèè</u>-ben)

la pressione alta/ bassa   einen hohen / niedrigen Blutdruck (<u>ai</u>-nen h'<u>oo</u>-en <u>nii</u>-drighen <u>bluut</u>-druk)

la nausea	Brechreiz (<u>brèch</u>-raits)
i disturbi circolatori	Kreislaufstörungen (<u>krais</u>-lauf-shtöörunghen)

i dolori qui   Es tut hier weh (és tuut h'iir véé).

Prendo queste medicine regolarmente. Ich nehme diese Medikamente regelmäßig (ich <u>néé</u>-me <u>dii</u>-se médika-<u>mén</u>- té <u>ré</u>-ghelmèèsigk).

F <u>Locuzioni importanti</u>

Quanto / wie viel costa … all'ora / kostet … pro Stunde (<u>shtun</u>-de), che ore sono / wie viel Uhr (uur) ist es?

posso / kann ich, si può / kann man parcheggiare qui / kann ich hier **parken** (kan ich hiir <u>par</u>-ken), lasciare il mio bagaglio qui / mein **Gepäck** hier lassen (main ghé-<u>pèk</u> hiir <u>la</u>-sen), andare a piedi / **zu Fuß** gehen (tsu fuuss <u>ghé</u>-h'en), fare delle foto / Fotos machen (<u>fo</u>-toos <u>ma</u>-chen), La invitare / Sie einladen (sii <u>ain</u>-laaden), La accompagnare a casa / Sie nach Hause beglei-ten (sii nach <u>h'au</u>-se bé-<u>gklai</u>- ten)?

F Verbi irregolari I

Gruppo 1

L'infinito	3.pers. del Sg	1. / 3. pers. del preterito	ausiliare + participio passato
a	**ä**	**ie/i**	**a**
laufen correre	läuft	lief	ist gelaufen
blasen soffiare	bläst	blies	hat geblasen

Espediente mnemonico:

Ti chiedo di <u>fermarti</u> e <u>lasciare</u> l'auto nel parcheggio perché voglio <u>dormire</u> un po'.

Fermarsi / **halten**, lasciare / **lassen**, dormire / **schlafen**

Voglio <u>consigliar</u>ti: <u>catturare</u> l'animale è pericoloso. Si può <u>cadere</u>.

consigliare / **raten**, catturare / **fangen**, cadere / **fallen**

Trovi la 3. persona Sg, il preterito e il participio passato dei verbi del gruppo 1.

Soluzioni > Verbi irregolari II

Gruppo 2

	a	**ä**	**u**	**a**
graben scavare		gräbt	grub	hat gegraben
schlagen battere		schlägt	schlug	hat geschlagen
wachsen crescere		wächst	wuchs	ist gewachsen

85

E Voglio <u>caricare</u> il <u>bucato</u> sulla macchina. Non devo <u>portar</u>lo e posso <u>guidare</u>.
caricare / **laden**, bucato > lavare / **waschen**, portare / **tragen**, guidare / **fahren**
Trovi la 3. pers. Sg, il preterito e il participio passato dei verbi del gruppo 2.
Soluzioni > Verbi irregolari II

Gruppo 3

e	i	a	e
geben dare	gibt	gab	hat gegeben
messen misurare	misst	maß	hat gemessen
treten mettersi	tritt	trat	ist getreten

E Non <u>dimenticare</u>: Si deve <u>mangiare</u> il menù, non <u>divorare</u>.
dimenticare / **vergessen**, mangiare / **essen**, divorare / **fressen**
Trovi la 3. pers. Sg, il preterito e il participio passato.

Gruppo 4

e	i	a	o
erschrecken spaventarsi	erschrickt	erschrak	ist erschrocken
nehmen prendere	nimmt	nahm	hat genommen
stechen pungere	sticht	stach	hat gestochen
sterben morire	stirbt	starb	ist gestorben
werfen / gettare	wirft	warf	hat geworfen

E   Voglio <u>incontrare</u> la madre di Paolo e chieder-
le di <u>aiutar mi</u> e di <u>parlare</u> con Paolo. Se an-
nulla il fidanzamento, può <u>spezzar</u>mi il cuore.
incontrare / **treffen**, aiutare / **helfen**, parlare /
sprechen, spezzare / **brechen**
Trovi la 3. pers. Sg, il preterito e il participio
passato.

Gruppo 5

e	ie	a	e
lesen	liest	las	hat gelesen
leggere			
sehen	sieht	sah	hat gesehen
vedere			
geschehen	geschieht	geschah	ist geschehen
succedere			

Gruppo 6

e	ie	a	o
befehlen	befiehl	befahl	hat befohlen
comandare			
empfehlen	empfiehlt	empfahl	hat empfohlen
raccomandare			
stehlen	stiehlt	stahl	hat gestohlen
rubare			

F Verbi irregolari II

beginnen	beginnt	begann	hat begonnen
iniziare			
biegen	biegt	bog	hat gebogen
piegare			
bieten	bietet	bot	hat geboten
offrire			
bitten	bittet	bat	hat gebeten
pregare			
bleiben	bleibt	blieb	ist geblieben
restare			
brechen	bricht	brach	hat gebrochen
rompere			
brennen	brennt	brannte	hat gebrannt
bruciare			
bringen	bringt	brachte	hat gebracht
portare			
denken	denkt	dachte	hat gedacht
pensare			
essen	isst	aß	hat gegessen
mangiare			
fahren	fährt	fuhr	ist gefahren
andare			
fallen	fällt	fiel	ist gefallen
cadere			
fangen	fängt	fing	hat gefangen
afferrare			
finden	findet	fand	hat gefunden
trovare			
fliegen	fliegt	flog	ist geflogen
volare			
fressen	frisst	fraß	hat gefressen
mangiare			
gehen	geht	ging	ist gegangen
andare			

gewinnen guadagnare	gewinnt	gewann	hat gewonnen
haben avere	hat	hatte	hat gehabt
halten fermarsi	hält	hielt	hat gehalten
hängen pendere	hängt	hing	hat gehangen
heißen chiamarsi	heißt	hieß	hat geheißen
helfen aiutare	hilft	half	hat geholfen
kennen conoscere	kennt	kannte	hat gekannt
kommen venire	kommt	kam	ist gekommen
laden caricare	lädt	lud	hat geladen
lassen lasciare	lässt	ließ	hat gelassen
leihen prestare	leiht	lieh	hat geliehen
liegen stare sdraiato	liegt	lag	hat gelegen
nennen nominare	nennt	nannte	hat genannt
raten consigliare	rät	riet	hat geraten
rennen correre	rennt	rannte	ist gerannt
rufen chiamare	ruft	rief	hat gerufen
scheinen splendere	scheint	schien	hat geschienen
schieben	schiebt	schob	hat geschoben

89

spingere			
schlafen	schläft	schlief	hat geschlafen
dormire			
schließen	schließt	schloss	hat geschlossen
fermare			
schneiden	schneidet	schnitt	hat geschnitten
tagliare			
schreiben	schreibt	schrieb	hat geschrieben
scrivere			
schwimmen	schwimmt	schwamm	geschwommen
nuotare			
sein	ist	war	ist gewesen
essere			
singen	singt	sang	hat gesungen
cantare			
sitzen	sitzt	saß	hat gesessen
sedere			
sprechen	spricht	sprach	hat gesprochen
parlare			
springen	springt	sprang	ist gesprungen
saltare			
stehen	steht	stand	hat gestanden
stare			
steigen	steigt	stieg	ist gestiegen
salire			
stoßen	stößt	stieß	hat gestoßen
colpire			
streiten	streitet	stritt	hat gestritten
dibattere			
tragen	trägt	trug	hat getragen
portare			
treffen	trifft	traf	hat getroffen
incontrare			
trinken	trinkt	trank	hat getrunken
bere			

tun	tut	tat	hat getan
fare			
verbieten	verbietet	verbat	hat verboten
vietare			
vergessen	vergisst	vergaß	hat vergessen
dimenticare			
verlieren	verliert	verlor	hat verloren
perdere			
waschen	wäscht	wusch	hat gewaschen
lavare			
werden	wird	wurde	ist geworden
diventare			
wissen	weiß	wusste	hat gewusst
sapere			
ziehen	zieht	zog	hat gezogen
tirare			

Verbi modali

dürfen	darf	durfte	hat gedurft
potere			
können	kann	konnte	hat gekonnt
potere			
mögen	mag	mochte	hat gemocht
volere			
müssen	muss	musste	hat gemusst
dovere			
sollen	soll	sollte	hat gesollt
dovere			
wollen	will	wollte	hat gewollt
volere			

91

Vocabolario

abbastanza genug ghe-nuugk
abbigliamento
Kleidung klaidungk f
abitante
Einwohner ainvooner m
abitare wohnen voo-nen
accappatoio
Bademantel baademantel m
accendino
Feuerzeug foiertsoigk n
accettare annehmen neemen
accompagnare
begleiten beglaiten
aceto Essig e-sigk m
acqua Wasser va-ser n
~ minerale
 Mineralwasser mineraal
~ potabile
Trinkwasser
acquisto
Einkauf ain-kauf m
adattatore Adapter m
adesso
 jetzt iétst
aereo
Flugzeug fluug-tsoigk
aeroporto Flughafen m
affittare vermieten miiten
affitto Miete f
mii-te
affresco Fresko frèsko f
aggiungere
hinzufügen h'intsuufüghen

agosto August
aiutare helfen
aiuto Hilfe h'ilfe
albergo Hotel n
albero Baum m
alcuni einige
allergia Allergie f
almeno mindestens
altoparlante Laut-
sprecher m
altro andere/r/s
amare lieben liiben
ambasciata
Botschaft bootshaft
ambulanza
Krankenwagen m
amico/a Freund/in
analcolico ohne
Alkohol alkoh'ool
anche auch
ancora noch
andare gehen
ghéh'en
andata e ritorno
Hin und Zurück
animale Tier tiir n
annullare absagen
antipasto Vor-
speise foorspaise f
antichità Antiquität
aperitivo Aperitif
appartamento
Wohnungvoonungk

92

appuntamento
Termin tèrmiin m
aprire öffnen
arancia Orange
o-ran-she f
architettura
Architektur
architèk-tuur f
aria condizionata
Klimaanlage
klima-anlaaghe f
arrivare ankommen
arrivo Ankunft f
arrosto Braten braaten m
arte Kunst f
ascensore Aufzug auftsuugk
asciugamano
Handtuch h'andtuuch n
aspettare warten varten
assaggiare schmecken
assicurazione Versicherung f
assorbente igienico
Monatsbinde f
attenzione Achtung f
attraversare überqueren
autista Fahrer faarer m
autonoleggio
Autovermietung f
autostrada Autobahn baan f
autunno Herbst h'èrbst m
avere haben h'aa-ben
B
bagaglio Gepäck ghépèk n
deposito bagagli
Gepäckaufbewahrung

bagnino
Bademeister m
bagno Bad baad n
balcone Balkon m
ballare tanzen
bambino Kind n
banca Bank f
banco Sitzbank f
barca Boot n
batteria Batterie f
benzina Benzin n
bere trinken
bevanda Getränk n
bicchiere Glas n
bicicletta Fahrrad
biglietteria
Fahrkartenschalter
binario
Gleis gklais n
biscotto Keks m
birra Bier biir n
bistecca
Steak n
blu blau
bocca
Mund m
bombola del gas
Gasflasche
gaas-flashe
borsellino
Geldbeutel ghèld m
borsetta
Handtasche h'and f
bottiglia
Flasche flashe f

93

apri ~ Flaschenöffner m
bottone Knopf m
braccio Arm m
burro Butter f
bussare klopfen
busta Umschlag -shlaagk m

C

caldo Hitze h'i-tse f
calzino Socke soke f
cambiare wechseln vekseln
cambio Geldwechsel m
camera doppia
Doppelzimmer -tsimer n
camera singola
Einzelzimmer n
cameriera Zimmermädchen n
camicetta Bluse bluu-se f
camicia Hemd h'emd n
campanello Klingel -ghel f
campanile Glockenturm m
campeggiare zelten tsèlten
campeggio Zelten n
candela Kerze kèrtse f
cane Hund h'und m
canzone Lied liid n
capello Haar h'aar n
capire verstehen ferstéh'en
capodanno Neujahr n
cappello Hut h'uut m
cappotto Mantel m
carne Fleisch flaish n
carrello Kofferkuli m
carta di credito Kreditkarte
carta d'identità
Personalausweis

cartolina Postkarte
casa Haus h'aus n
cassa Kasse f
cassaforte Tresor m
castello Schloss n
cattedrale Kathedrale
celibe ledig léédigk
cena Abendessen n
centro Zentrum n
~ storico Altstadt f
cercare suchen
cerotto Pflaster n
certificato Urkunde
certo sicher
chef Chefkoch m
chiamare rufen
chiamarsi heißen
chiave Schlüssel m
chiedere fragen
chilometro
Kilometer m
chiudere schließen
cielo
Himmel h'imel m
cimitero
Friedhof friidh'oof
cintura Gürtel m
cipolla Zwiebel f
circa ungefähr
città Stadt f
~ vecchia Altstadt
coincidenza
Anschluss m
colazione
Frühstück n

94

cominciare
beginnen beghinen
compleanno
Geburtstag m
completo Anzug antsuugk m
comprare kaufen
compreso inbegriffen
confermare bestätigen
conoscere kennen
contenere enthalten -h'alten
contento zufrieden tsufriiden
conto
Rechnung rèchnungk f
contorno Beilage f
contratto Vertrag fèrtraagk
controllare kontollieren
coperta
Decke déké f
coperto Gedeck ghedék n
corrente Strömung f
corso
Kurs m
~ di sci Skikurs shiikurs m
costare kosten
costo Preis prais m
cotone Baumwolle f
cotto gekocht
crema solare Sonnencreme
crociera Kreuzfahrt-faart f
crudo roh roo
cucchiaino Teelöffel m
cucchiaio Löffel m
cucina Küche f
cucinare kochen
cuore Herz h'èrts n

D

danno Schaden m
dare geben ghèben
data Datum n
davanti vorn/e
denaro Geld n
dente Zahn tsaan m
dentifricio
Zahnpasta f
dentista Zahnarzt
dentro drinnen
denunciare
anzeigenantsaighen
dépliant Prospekt
desiderarewünschen
dessert TFdésèr
deviazione
Umleitung f
di (che) als
diabete Diabetiker
diapositiva
Diapositiv n
diarrea Durchfall m
dicembreDezember
diesel TF diisel
dieta Diät dièèt f
dietro hinter h'inter
differenza
Unterschied m
difficoltà
Schwierigkeit f
dimenticare
vergessen
dire sagen saaghen
diretto direkt

direzione Richtung f
disturbare stören shtöören
dito Finger fingher m
diverso verschieden
doccia Dusche dushé f
dolore Schmerz shmèrts m
domanda Frage fraaghe f
domani morgen morghen
domenica Sonntag m
donna Frau f
dormire schlafen shlaafen
dottore Arzt aartst m
dovere müssen
durare dauern
E
economico billig biligk
edicola Kiosk m
egli er èèr
elenco Liste f
elettrico elektrisch elèktrish
elicottero Helikopter m
emergenza Notfall nootfal m
entrata Eingang aingangk m
errore Irrtum m
esposizione Ausstellung f
espressione
Ausdruck ausdruk m
espresso Eilbrief ail-briif m
essere sein sain
est Osten m
estate Sommer m
Europa TF oiroopa
F
faccia figure Gesicht n
fame Hunger h'ungher m

famiglia Familie f
fare machen
farmacia Apotheke
febbraio Februar m
felice glücklich
fermare anhalten
fermata Haltestelle
festa Fest n
fetta Scheibe f
fiera Markt m
figlia Tochter f
figlio Sohn soon m
fine Ende n
finestra Fenster n
fiore Blume f
firma Unterschrift f
fisso fest
fiume Fluss m
flusso Flut fluut f
fontana Brunnen m
forchetta Gabel f
forma Form f
formaggio Käse m
forse vielleicht
fortuna Glück n
foto
Foto n
fotografare
fotografieren
fotografo
Fotograf
fotograaf m
fra zwischen
fragola Erdbeere f
Francia Frankreich

96

francobollo Briefmarke f
fratello Bruder bruuder m
freno Bremse f
fretta Eile aile f
frittata Omelett n
frontiera Grenze grentse f
frutta Obst n
fungo
Pilz pilts m
funzionare funktionieren
fuoco Feuer foier n
furto Diebstahl diibstaal m
G
gamba Bein bain n
garage TF garashe
gassato kohlensäurehaltig
koolensoireh'altigk
gelateria Eisdiele aisdiile f
gelato Speiseeis spaiseais n
genitori Eltern Pl
gennaio Januar ianuaar m
gente Leute loite Pl
gentile freundlich froindlich
Germania Deutschland
ghiaccio Eis ais n
già schon shoon
giacca
Jacke ia-ké f
giallo gelb ghèlb
giardino Garten m
giocare
spielen shpiilen
gioco
Spiel shpiil n
gioelliere Juwellier iuveliier

giornale Zeitung f
giorno Tag taagk m
~ feriale Werktag
~ festivo Feiertag
giovedì Donnerstag
giugno Juni iuuni
giro Tour tuur f
goccia Tropfen m
golf Golf n
gomma Reifen m
~ a terra
platter Reifen
gonna Rock m
grado Grad graad
grammo Gramm n
grasso Fett fèt n
griglia Grill m
gruppo Gruppe f
guadagno Gewinn
guanto Handschuh
guardare betrachten
guardaroba
Garderobe f
guida turistica
Fremdenführer
H
handicappato
behindert
I
ieri gestern
imbarcadero
Landungssteg m
immersione
Tauchen n
imparare lernen

97

importante wichtig vichtigk
importo Betrag betraagk m
incidente Unfall m
inclusivo einschließlich
incontrare treffen
incrocio Kreuzung
kroitsungk f
indirizzo Adresse adrèse f
infermiera Krankenschwester
infezione Infektion infèktsion
informazione
Information
informatsion f
ingresso Eingang aingangk m
iniziare beginnen beghinen
inizio Beginn beghin m
insalata Salat m
insetto Insekt insèkt n
puntura d'insetto
Insektenstich m
interessare interessieren
interno innerer
interprete
Dolmetscher dolmètsher m
invece di statt von
inverno Winter vinter m
inviare schicken shiken
invitare einladen ainlaaden
iscriversi sich anmelden
iscrizione Anmeldung f
isola
Insel f
istante
Augenblick aughenblik m
Italia Italien n

L
là dort
labbro Lippe f
ladro Dieb diib m
lago See m
lampadina
Glühbirne f
lasciare
lassen
latte Milch f
lattina Dose f
lavandino
Waschbecken
lavare waschen
lavorare arbeiten
leggere lesen
lenzuolo Betttuch n
lettera Buchstabe
buca delle lettere
Briefkasten m
letto Bett n
libreria
Buchhandlung
libro Buch buuch n
limonata Limonade
limone Zitrone f
liquido Flüssigkeit
liquore Likör m
lista Liste f
litro Liter m
luce
Licht n
luglio
Juli iuuli m
luna Mond m

98

M

macchina Auto n
macelleria
Metzgerei metsgherai f
madre Mutter muter f
magazzino
Kaufhaus kaufh'aus n
maggio Mai m
maiale Schwein shvain n
malato krank
malattia Krankheit f
mancare fehlen fèèlen
mangiare essen
mano Hand h'and f
mare Meer n
marito Ehemann eh'eman m
marmellata Marmelade f
martedì Dienstag diinstaag m
marzo März mèrts m
massaggio Massage masashe
materasso Matratze matratse
materiale Material n
matita Bleistift m
mattina Morgen morghen m
meccanico Mechaniker m
medicina Medizin meditsiin f
medio mittlere
mela Apfel m
meno weniger vénigher
menù Menü menüü n
meraviglioso
wunderbar vunderbaar
mercato
Markt m
~ delle pulci Flohmarkt m

mese Monat m
messaggio
Nachricht f
metà Hälfte f
mettere
legen lééghen
mezzo halb h'alb
mezzogiorno
Mittag m
misurare messen
moda Mode f
momento Moment
monastero
Kloster klooster n
moneta
Münze müntse f
montagna
Berg bèrgk m
mordere beißen
mostrare zeigen
motore
Motor mootor m
motoscafo
Motorboot n
municipio Rathaus
muovere bewegen
muro Mauer m
muscolo Muskel m
museo Museum n
musica Musik f

N

nave Schiff shif n
nazionalità
Nationalität f

99

nebbia Nebel nèèbel m
necessario notwendig
negozio Kaufhaus n
nero schwarz shvarts
neve Schnee shnéé m
niente nichts
noleggiare vermieten
noleggio Vermietung f
nome Name naame m
non nicht, kein kain
nonna Großmutter f
nord Norden m
notte Nacht f
novembre November m
nuca Nacken m
numero Nummer f
nuotare
schwimmen shvimen
nuvola Wolke volke f
O
occhiali Brille f
occhio Auge aughe m
occupare besetzen besetsen
officina
Werkstatt vèrkstat f
offrire anbieten anbiiten
oggi heute h'oite
ogni jede/r/s ieede/r/s
olio Öl ööl n
ombra Schatten m
ombrello
Regenschirm règhenshirm m
ombrellone Sonnenschirm
opera
Oper oper f

oppure oder ooder
opuscolo Prospekt
ora Stunde shtunde
orario Fahrplan m
orario d'apertura
Öffnungszeiten (Pl)
ordinare
bestellen
orecchio Ohr oor m
orologio Uhr uur f
ospedale Hospital n
ostello della
gioventù
Jugendherberge iuu
ghendhéérberghe
ottico Optiker m
ottobre Oktober m
P
padre Vater faater
paese Land n
pagare zahlen
paio Paar n
palazzo Palast m
pane Brot broot n
panetteria
Bäckerei bäkerai f
panino Brötchen n
panna Sahne saane
pantaloni Hose f
parapendio
Gleitschirm m
parcheggio
Parkplatz parkplats
parchimetro
Parkuhr parkuur f

100

parco Park m
parlare sprechen shprèchen
partenza Abfahrt abfaart m
partire abfahren abfaaren
parrucchiere
Friseur frisöör m
Pasqua Ostern oostern n
passaporto Pass m
pasta Nudeln nuudeln (Pl)
pasticceria Konditorei f
pasto Mahlzeit maaltsait f
patata Kartoffel f
patente
Führerschein füürershain m
pattinaggio
Eislauf aislauf m
pazienza Geduld ghéduld f
paziente Patient patsient m
pedaggio Gebühr gebüür f
pedalò Tretboot trèètboot n
pediatra
Kinderarzt /-ärztin m f
pedone Fußgänger m
pelle Haut h'aut f
pelletteria Lederwaren Pl
pellicola Film m
~ a colori Farbfilm m
pensare denken
pensione Pension f
~ completa Vollpension f
mezza ~ Halbpension f
pepe Pfeffer pfèfer m
percento Prozent protsent n
perdere verlieren verliiren
pericolo Gefahr ghefaar f

pericoloso
gefährlich
permettere
erlauben
persona Person f
pesca Pfirsich m
pescare angeln
pesce Fisch fish m
pettine Kamm m
pezzo Stück n
piacere gefallen
piacevole lustig
piano Stock m
pianta Pflanze f
~ della città
Stadtplan m
piatto Teller tèler m
piazza Platz m
piccante scharf
piede Fuß fuuss m
pieno
voll fol
pila Batterie f
pillola Pille f
ping-pong
Tischtennis n
pioggia Regen m
piombo Blei blai n
piovere
regnen règnen
pista di fondo
Loipe f
pittore
Maler maaler m
pittura Gemälde n

101

più mehr méér
polizia Polizei politsai f
pollo
Hähnchen h'äänchen n
pomeriggio Nachmittag m
pomodoro Tomate tomaate f
ponte Brücke f
porta Tür tüür f
portacenere Aschenbecher m
portafoglio
Geldbeutel ghèldboitel m
portiere
Portier portié m
porto Hafen h'aafen m
porzione Portion portsion f
possibile möglich mööglich
posta Post f
potere können
pranzo Frühstück früüstük n
preferire vorziehen voortsien
prefisso Vorwahlnummer f
pregare bitten
premere drücken
prendere nehmen neemen
prenotare reservieren
prenotazione Reservierung f
presentare vorstellen
presto bald
prezzo Preis prais m
privato
privat privaat
procurare besorgen
professione Beruf beruuf m
profumo Parfüm parfüüm n
programma Programm n

pronto bereit bérait
pronunciare
aussprechen
prosciutto
Schinken shinken
prossimo
nächst
nèkst
provare
versuchen
pulire reinigen
rainighen
pulito sauber
puntuale
pünktlich
puro rein
purtroppo
leider
laider

Q
quadro
Bild n
qualcosa
etwas etvas
qualcuno
jemand ieemand
quantità
Menge menghe f
quarto Viertel n
quello der die das
jene/r/s ieene/r/s
questo der die das
diese/r/s diise/r/s

R
raccolto Ernte f

102

raccomandare empfehlen
radiografia
Röntgenaufnahme f
ragazzo Junge
iunghe m
raggiungere erreichen
rasoio Rasierer
rasiirer m
reclamo Beschwerde f
regalo Geschenk ghéshenk n
regione
Gegend ghééghend f
religione Religion relighion f
respirare atmen aatmen
ricetta Rezept rétsèpt n
ricevere bekommen
ricevuta Quittung kvitungk f
riduzione Rabatt m
riscaldamento Heizung f
riso Reis rais m
rispondere antworten
ristorante Restaurant
réstorant n
ritardo Verspätung f
ritorno Rückkehr rükkeer f
rivedere wiedersehen
rompere brechen brèchen
rossetto Lippenstift m
rosso rot root
rotondo rund
rotto kaputt
roulotte Wohnwagen m
rubare stehlen shtèèlen
rubinetto Hahn h'aan m
rumoroso laut

S

sabato Samstag
samstaagk m
sabbia Sand m
sacchetto Tüte f
saldi
Schlussverkauf
shlusferkauf m
sale Salz salts n
salire einsteigen
salmone Lachs laks
salsa Soße soosse f
salsiccia Wurst
vurst f
salutare grüßen
salute!
Gesundheit!
saluto Gruß m
salvagente
Rettungsring m
salvare retten
sangue Blut bluut n
sanguinare bluten
bluuten
sapere wissen
visen
sapone Seife
saife f
scala Treppe
trèpe f
~ mobile
Rolltreppe f
scaloppina
Schnitzel n
scarpa Schuh shuu

scatola Schachtel shachtel f
scendere aussteigen
schiena Rücken m
sci di fondo Langlauf m
sciare
Ski laufen
sciarpa Schal shaal m
sciovia Skilift m
scompartimento
Abteil abtail n
sconto Rabatt m
scopa
Besen béésen m
scrivere schreiben shraiben
scultore Bildhauer m
scultura Skulptur skulptuur f
scusare entschuldigen
sdraio Liegestuhl
liigheshtuul m
secchio Eimer aimer m
secolo Jahrhundert n
sedia Stuhl shtuul m
seggiovia Sessellift m
seguire folgen folghen
sempre immer
senso unico Einbahnstraße f
sentire hören h'öören
separato getrennt
sera Abend aabend m
servire bedienen bediinen
servizio Bedienung f
sete Durst m
settembre September m
settimana Woche voche f
sguardo Blick m

significare
bedeuten bedoiten
signora
Frau f
signore
Herr h'èr m
sillabare
buchstabieren
soccorso Hilfe f
soggiorno
Aufenthalt m
sole Sonne f
solo allein alain
soltanto
nur
sorella Schwester
shvéster f
sorpresa
Überraschung f
specchio Spiegel
shpiighel m
spendere ausgeben
ausghèèben
spesso oft
spezia
Gewürz ghevürts n
spiaggia
Strand m
spiedo Bratspieß
braatshpiis m
spiegare erklären
èrklèèren
splendido
prächtig
prèchtigk

104

sporco schmutzig shmutsigk
sposato verheiratet
squadra Mannschaft
manshaft f
stagione Saison sèsoo f
alta ~ Hochsaison
stanco müde müüde
stare stehen shtéh'en
stazione Bahnhof baanh'oof
~ di servizio Tankstelle f
stesso gleich
gklaich
stile Stil stiil m
stirare bügeln büügheln
stomaco Magen maaghen m
storia Geschichte ghéshichte
strada Straße straasse f
stretto eng
engk
stupido dumm
subito plötzlich
plötslich
successo Erfolg èrfolgk m
succo
Saft m
~ di frutta Fruchtsaft m
sud Süden süüden m
suo(a) sein/e ihr/e sain/e iir/e
suocera
Schwiegermutter f
suonare
spielen
shpiilen
supermercato
Supermarkt m

Svizzera Schweiz
shvaits f
T
tabacco
Tabak tabak m
taglia (misura)
Größe gröösse f
tagliare schneiden
shnaiden
tardi spät shpèèt
tasca Tasche tashe f
tassa Steuer shtoier
tavolo Tisch tish m
tazza Tasse tase f
tè Tee téé m
tedesco deutsch
doitsh
televisione
Fernsehen n
temperatura
Temperatur f
témperatuur
tempo Zeit tsait f
temporale
Gewitter ghéviter n
tenda Zelt tsèlt n
tendenza Tendenz f
tenere halten
h'alten
terminale
Terminal tèrminal n
terminare
beenden
termometro
Thermometer m

105

terrazza Terrasse tèrase f
terzo
dritte
tessuto Stoff shtof m
testa
Kopf
tirare ziehen tsiih'en
toccare berühren berüüren
toilette Toilette f
tornante Kehre keere f
tornare zurückkehren
torre Turm m
torta Torte f
tovaglia Tischdecke f
tovagliolo Serviette f
tra zwischen tsvishen
traduzione
Übersetzung f
traffico Verkehr fèrkéér m
traghetto Autofähre -fääre m
tram Straßenbahn -baan f
tranquillo ruhig ruuh'igk
trasporto Transport m
traversare überqueren
treno Zug tsuugk m
~ rapido Schnellzug m
troppo zu viel tsu fiil
trovare finden
tuo, tua
deine/r/s dein/e
tuono
Donner m
turismo
Tourismus m
tutto ganz/e gants/e

U
uccello
Vogel fooghel m
ufficio Büro büroo
~ oggetti smarriti
Fundbüro
fundbüroo n
~ per il turismo
Fremdenverkehrs-
amt
ultimo letzt létst
unghia Fingernagel
forbicina per
unghie
Nagelschere
naaghelshèère
uomo Mensch
ménsh m
uovo Ei ai n
urgente dringend
dringhend
usare gebrauchen
ghébrauchen
uscire ausgehen
ausghéh'en
uscita Ausgang m
uva Trauben Pl
V
vacanze Ferien
férien fPl
vagone letto
Schlafwagen m
~ ristorante
Speisewagen m
shpaisevaaghen

106

valido gültig ghültigk
valigia Koffer kofer m
valle Tal taal n
vaniglia Vanille vanile f
vecchio alt
vedere sehen sèh'en
velocità Geschwindigkeit f
vendere verkaufen
venire kommen komen
ventilatore Ventilator m
vento Wind vind m
verdura Gemüse ghémüüse n
vero wahr vaar
versare einzahlen aintsaalen
vestito Anzug m Kleid f
vetrina Schaufenster n
vetro Glas gklaas n
via Straße
straasse f
viaggiare reisen raisen
viaggio Reise raise f
vicino nah naa
vietare verbieten fèrbiiten
vietato verboten fèrbooten
villaggio Dorf n
vino Wein vain m
visita Besichtigung f
visitare besichtigen
vista Aussicht f
vita Leben lèèben n
vitello Kalb n
vivere leben lèèben
volentieri gern ghèrn
volta mal maal
voltaggio Spannung f

vuoto leer lèèr
Z
zanzara Mücke
müke f
zucchero Zucker m
tsuker
zuppa Suppe f

Dello stesso autore

Giovanni Constance	L'inglese in 10 giorni: Corso di lingua con un nuovo metodo 2012 Books on Demand
Wolfgang Jean Costanza	Il francese in 10 giorni 2019 Books on Demand